Make Your Way!

Communicating while Abroad

I will meet people in many countries this year.

Akira Tajino

Hiroshi Nakagawa / John Andras Molnar

KINSEIDO

Kinseido Publishing Co., Ltd.

3-21 Kanda Jimbo-cho, Chiyoda-ku,
Tokyo 101-0051, Japan

First published 2024 by Kinseido Publishing Co., Ltd.

Design   Nampoosha Co., Ltd.
Illustrations Akiko Maruo

🎧 音声ファイル無料ダウンロード

https://www.kinsei-do.co.jp/download/4196

この教科書で DL 00 の表示がある箇所の音声は、上記 URL または QR コードにて
無料でダウンロードできます。自習用音声としてご活用ください。

- ▶ PC からのダウンロードをお勧めします。スマートフォンなどでダウンロードされる場合は、
  ダウンロード前に「解凍アプリ」をインストールしてください。
- ▶ URL は、**検索ボックスではなくアドレスバー (URL 表示覧)** に入力してください。
- ▶ お使いのネットワーク環境によっては、ダウンロードできない場合があります。

◎ CD 00　　左記の表示がある箇所の音声は、教室用 CD（Class Audio CD）に収録されています。

はしがき

本テキストはリメディアルテキストとして設計され、CEFRレベルA2、TOEIC 300–400 レベルの学生を対象に、英語学習の「やり直し」ではなく、英語学習の「とらえ直し」を目的として開発されました。かつて道に迷って登れなかった山 [英語] を、同じ道と方法で登ろうとしても登ることは難しいかもしれません。そこで、目標とする山 [英語] を俯瞰することで、学生の皆さんにとって登りやすいルート [学習法] を見つけ、そこから登山 [英語学習] を楽しんでもらいたいと考え、本テキストを制作しました。

本テキストは「意味順」を活用することにより、無理なく視覚的に英語の文構造を理解し、文法や語彙の理解を深め、4技能をバランスよく習得できるように工夫されています。また、世界旅行をする登場人物と共に、自然、食べ物、音楽など、驚きと発見の異文化体験を通じて、学生の皆さんは知的好奇心を満たしながら楽しく英語を学ぶことができるでしょう。

本テキストは全15ユニットから成り、各ユニットは6つの大きなセクション（語彙／フレーズ、文法、リスニング、リーディング、ライティング、スピーキング）で構成されています。

各セクションのアクティビティでは、類似した語彙やフレーズを使った英文を用いることで、幅広い英語表現を学べるように心掛けています。また、「考えながら聞く」「考えながら話す」などのアクティビティを通じて、インテイクに配慮し、自ら問題を解決する能力を伸ばすことができるよう工夫しました。ペアワークを随所に設け、思考力や協働力、対人コミュニケーション力を育成するために、Open-endedの質問や課題を用意し、学生同士で多様な意見の共有を可能にしています。

個々のセクションは10〜15分程度で終了する設計にしているため、集中力を維持しつつ効率的な学習が可能です。また、意味順ボックスやイラストを多く使用することで、情報の補足や修正が必要な場面でも視覚的な手助けができるよう配慮しました。さらに、単文から複文、モノローグからダイアログ形式へのステップアップで学習できる作りになっており、楽しみながら、そして容易に、実践的かつ実用的な英語をマスターできるように作られています。

本テキストを通じて、学生の皆さんがより広い世界に興味をもつと同時に、効果的にコミュニケーションをとる能力を身につけられますことを願っています。

著者一同

本テキストの使い方

📍 Warm Up （5分）

このセクションは、各ユニットの最初に位置しています。ここでは、そのユニットの主題（テーマ）に基づいた重要な語彙を自ら考え、書き出します。主題に関連する語彙をユニットの始めに習得することで、その後のアクティビティの理解促進に繋げることができます。

📍 Key Vocabulary （5分）

A このセクションでは、新しい英語表現を学びます。イラストを見てその状況に適したフレーズを選ぶことで、語彙やフレーズの理解を深めます。まずは各イラストを確認し、それが表現しているシーンを理解します。次に、フレーズ (aとb) を見て、どちらがイラストのシーンに最も適しているかを答えます。

B このセクションでは、Aで選択したフレーズが正しいかどうかを音声で確認します。音声は選択したフレーズを含む英文なので、各フレーズの適切な使い方や、より自然な英語表現を身につけることができます。

📍 Key Sentences （5分）

このセクションでは、主題に関連する重要な英文を学びます。このセクションは、発音、強勢、イントネーションを実際の文脈で練習するための重要なパートです。まず初めに、英文の意味と文脈を理解することに焦点を当てましょう。次に、音声を聞きながら英文の音読を行い、発音、強勢、イントネーションを模倣しましょう。

📍 Let's Practice （5分）

A このセクションでは、**Key Sentences**で学習した表現を実際の会話（ダイアログ）を通じて学びます。日本語を参考に空所に適切な英語を入れて、会話を完成させましょう。このセクションは、ダイアログ形式を用いて新しい語彙と表現が実際のコミュニケーションの状況でどのように使用されるかを理解するための重要なパートです。

B このセクションでは、Aで完成させたダイアログの答えを音声を聞いて確認します。その後、ペアを組んでダイアログの会話練習を行います。この活動は、答えの確認のみならず、完成させたダイアログを用いて新しい語彙と表現を実際のコミュニケーションの状況で使用する練習をするための重要なパートです。

📍 Grammar （5分）

このセクションでは、各ユニットに関連した文法を学びます。各文法は例文と共に提示され、理解の促進を図ります。

📍 Exercises （10分）

このセクションでは、Grammarで学んだ文法を用いて英文を作成する練習を行います。英文を作る際は「意味順ボックス」を用います。「意味順ボックス」を使うことで各文法ポイントの構造を視覚化できるため、どんな英文でも簡単に作ることができます。まずは日本語を「意味順ボックス」に入れてから、それぞれの日本語を英語にしてみましょう。

📍 Listening （15分）

A このセクションでは、ユニットの主題に関連した会話をダイアログ形式で聞きます。ここでは、リスニングスキルを向上させ、自然な英会話の理解を深めます。何度も聞くことで、自然な英語の速度と音調に慣れましょう。また、ディクテーションを行うことで、詳細や新しい語彙を理解します。

B このセクションでは、さらにリスニングスキルを磨くために、Listening Comprehension（聞き取り理解）アクティビティを行います。まず、1～4の空所に入る適切な語を選択肢から選び、会話を完成させます。次に、音声を聞いて答えを確認します。その後、5・6の質問に対してダイアログから答えを見つけます。これにより、具体的な情報の抽出や、聞き取った内容から推論を行うなど、聞き取りと理解の精度を高めます。

📍 Reading （15分）

A このセクションでは、英文を読み、それに最も合致するイラストをa～cの選択肢から選びます。ここでは視覚情報から内容への関連性を理解すると共に、読解力を鍛えます。

B このセクションでは、ショートパッセージを読み、その内容を理解した上で、Comprehension Question（理解問題）に英語で答えます。読解力を強化すると同時に、英語で考え、情報を整理し、明確に表現するスキルを磨きます。

📍 Writing _____ （15分）

このセクションでは、「意味順ボックス」を使用して英文を作成します。**Exercises**と同様に、まずは日本語を「意味順ボックス」に入れてから、それぞれの日本語を英語にしてみましょう。また、「意味順ボックス」の英文は、連続したストーリーの一部となるように工夫されています。したがって、このアクティビティでは全体のストーリーを把握しながら各英文を作ることで、より大きな文脈で英語を使う能力を育てます。

📍 Speaking _____ （10分）

このセクションでは、与えられたテーマに基づいて、自分で英文を作り、クラスメートとペアを組んで会話をしたり、インタビューをしたり、発表をしたりします。これにより、自分の考えを英語で明確に伝える能力や協働力を鍛えます。また、会話の中で、これまでに学んだ語彙、英語表現、文法を実際に使ってみると共に、リアルタイムのコミュニケーションスキルを磨きます。

意味順ボックスの使い方

従来の一般的な学習法では、英文の作成には、S「主語」、V「動詞」、O「目的語」、C「補語」などの文法用語を用いていましたが、本テキストではこうした（難解な）文法用語を介さずに英文を理解し、意味から直接英文作成を可能にする「意味順」を採用しています。

具体的には、「だれが」「する（です）」「だれ・なに」「どこ」「いつ」という「意味のまとまりの順序」（意味順）に沿って語句をつないで英文を作成します。

意味順を体験してみよう！

次のようなステップで簡単に英文を作ることができます。

❶ 日本語の文を意味で分ける
❷ 意味ごとに意味順ボックスに入れる
❸ 日本語を英語に変換する
❹ 英文法を確認する

ではさっそく、次の日本語で試してみましょう。その後で、解説動画を見て確認しましょう。

1. 彼は毎日図書館で英語を勉強します。

1.解説動画

だれが	する（です）	だれ・なに	どこ	いつ

2段の意味順ボックス

次は2段の意味順ボックスを使って、もう少し複雑な関係代名詞を使った英文に挑戦してみましょう。その後で、解説動画を見て確認しましょう。

2. 彼は私たちが知っている図書館で英語を勉強します。

2.解説動画

たまてばこ	だれが	する（です）	だれ・なに	どこ	いつ

Make Your Way!

Communicating while Abroad

Table of Contents

Unit 1 Introductions in the USA

11
- be動詞と一般動詞を使い分けることができる
- 自己紹介と観光に関する表現を使えるようになる

Unit 2 The Natural Wonders of Iceland

17
- 進行中の動作を表現できるようになる
- 自然に関する表現を使えるようになる

Unit 3 Getting Around the UK

23
- 否定文や疑問文が使えるようになる
- 交通機関に関する表現を使えるようになる

Unit 4 Tackling Rugby in Ireland

29
- 命令や指示を伝えることができる
- スポーツに関する表現を使えるようになる

Unit 5 Norwegian Folktales

35
- 過去形を使って物事を説明できるようになる
- 自然・アウトドアや北欧の文化・歴史に関する表現を使えるようになる

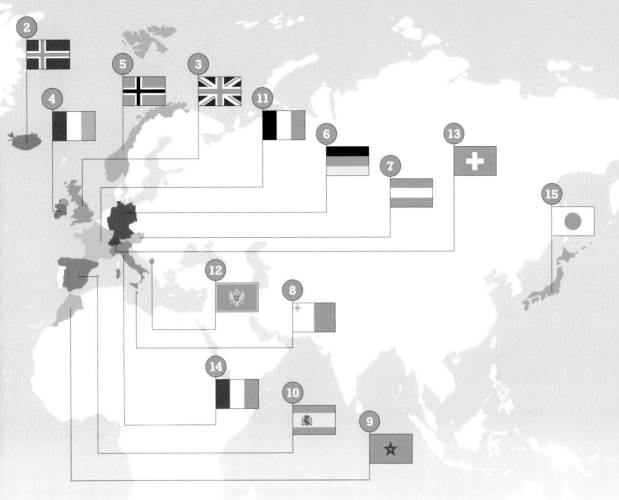

Unit 6 Food Tour in Germany
41
▶ 未来のことについて表現できるようになる
▶ 食べ物・飲み物に関する表現を使えるようになる

Unit 7 Austrian Symphony
47
▶ WH疑問文を使い分けることができる
▶ 音楽に関する表現を使えるようになる

Unit 8 The Animals of Malta
53
▶ 助動詞を使い分けることができる
▶ 生き物に関する表現を使えるようになる

Unit 9 Moroccan Souvenirs
59
▶ 現在完了形を使えるようになる
▶ 買い物に関する表現を使えるようになる

Unit 10 Spanish Dancing Lessons
65
▶ 受動態を使うことができる
▶ 伝統舞踊に関する表現を使えるようになる

Unit 11 Fashion Week in France
71
▶ 最上級を使うことができる
▶ ファッションに関する表現を使えるようになる

Unit 12 A Fjord in Montenegro
77
▶ 比較級を使うことができる
▶ 街並みに関する表現を使えるようになる

Unit 13 Swiss Sweets
83
▶ 〈一般動詞＋不定詞／動名詞〉を使うことができる
▶ スイーツに関する表現を使えるようになる

Unit 14 Fine Art in Italy
89
▶ 接続詞を使うことができる
▶ 絵画（アート）に関する表現を使えるようになる

Unit 15 Back Home to Japan
95
▶ 関係代名詞を使うことができる
▶ 思い出を伝える表現を使えるようになる

Introductions in the USA

リクはニューヨークに到着しました。彼はニューヨークに住むいとこの
メグと一緒にいろいろな観光地を巡るようです。観光中にメグが友達の
リサを紹介してくれました。

Can Do
▶ be動詞と一般動詞を使い分けることができる
▶ 自己紹介と観光に関する表現を使えるようになる

📍 Warm Up

日本語から連想する英語を空所に書きましょう。

旅行に必要なもの			
camera			

📍 Key Vocabulary

A 1～4のイラストに合う表現を a・b からそれぞれ選びましょう。 🎧 DL 002 ◎ CD 1-02

1.

a. draw a picture
b. take a picture

[　]

2.

a. purchase a souvenir
b. sell a souvenir

[　]

3.

a. carry the bag
b. leave the bag

[　]

4.

a. operate the ferry
b. ride the ferry

[　]

B **A** の1～4のイラストを表す英文を聞いて、答えが合っているか確認しましょう。

🎧 DL 003 ◎ CD 1-03

11

Key Sentences

リクはニューヨークで出会ったリサに自己紹介します。1～4 の英文の音声を聞いて、あとについて言ってみましょう。

🎧 DL 004　◎ CD 1-04

1. **My name is Riku.**
   私の名前はリクです。

2. **I am a university student.**
   私は大学生です。

3. **I live in Tokyo.**
   私は東京に住んでいます。

4. **I like soccer.**
   私はサッカーが好きです。

Let's Practice

A 1～4 の対話が成り立つように、日本語を参考にしながら空所に適切な英語を入れましょう。

1. **A:** What is your name?　あなたの名前は何ですか。

   B: My (　　　　　) (　　　) Meg.　私の名前はメグです。

2. **A:** What do you do?　あなたの職業は何ですか。

   B: I (　　　) a (　　　　　　).　私は教師です。

3. **A:** Where do you live?　あなたはどこに住んでいますか。

   B: I (　　　　) (　　　) Florida.　私はフロリダに住んでいます。

4. **A:** What do you like?　あなたは何が好きですか。

   B: I (　　　) (　　　　　).　私はイヌが好きです。

B 音声を聞いて答えを確認し、ペアになって話してみましょう。　🎧 DL 005　◎ CD 1-05

Grammar   現在形（be 動詞・一般動詞）

▶「○○は〜です」と表現したい場合はbe動詞を使います。be動詞はam、is、areの3つしかありません。

	主語	例文
amを使う場合	I	I **am** an exchange student. 私は留学生です。
isを使う場合	He、She、Itなど単数の人・物	He **is** kind.　彼は親切です。
areを使う場合	You、They、Weなど複数の人・物	We **are** travelers.　私たちは旅行者です。

▶「○○は〜します」と表現したい場合は一般動詞を使います。一般動詞は動作を表します。一般動詞はいろいろな意味を表現するため、数多くあります。例えば、「私はペンを使います」の「使う」は動作を表す一般動詞です。

一般動詞の例：eat「食べる」、use「使う」、buy「買う」、go「行く」、sleep「寝る」、meet「会う」、call「電話する」、ask「質問する」、visit「訪問する」、see「見る」

▶一般動詞を使用する際に気をつけなければならないのが3単現（3人称単数現在形）です。3人称単数とはI、You以外の1人の人や1つの物のことです。そして、それらの主語を使用し現在形の英文を作る際は、一般動詞に-sまたは-esをつけます。

She eat**s** lunch.　彼女は昼食を食べます。
Sota go**es** to Central Park.　ソウタはセントラルパークに行きます。

Exercises

1〜3 の日本語に合うように、意味順ボックスに適切な英語を入れましょう。まず日本語を意味順ボックスに入れてから、それぞれの日本語を英語にしてみましょう。

🎧 DL 006　💿 CD 1-06

1. 私は日本人です。

だれが	する（です）	だれ・なに	どこ	いつ
		Japanese.		

2. メグは私のいとこです。

だれが	する（です）	だれ・なに	どこ	いつ
		my cousin.		

3. 彼女は毎日、図書館で英語を勉強します。

だれが	する（です）	だれ・なに	どこ	いつ
			in the library	

📍 Listening

A リクとメグがニューヨークを観光しながら話しています。1〜3 の音声を聞いて、意味順ボックスの（　　）内に適切な英語を入れて英文を完成させましょう。

🎧 DL 007　◉ CD 1-07

1. **A** Who is she?

B

だれが	する（です）	だれ・なに	どこ	いつ
(　　　　)	(　　　　)	our tour guide.		

2. **A** How do we go to Staten Island?

B

だれが	する（です）	だれ・なに	どこ	いつ
(　　　　)	(　　　　)	the ferry	to Staten Island.	

3. **A** Central Park is very beautiful.

B

だれが	する（です）	だれ・なに	どこ	いつ
Many people	(　　　　)	pictures	here	(　　　　).

B リクたちは昼食を食べようとしています。1〜4 の空所に入る語を下の選択肢から選び、会話を聞いて答えを確認しましょう。また、5・6 の質問に答えましょう。

🎧 DL 008　◉ CD 1-08

Lisa: Let's eat at a halal food cart for lunch. Many college [1]·(　　　　　) eat there.

Riku: Halal food? What is that?

Lisa: Halal food is food that Muslims can eat under Islamic Law. There are many Muslims in New York. A popular [2]·(　　　　) is lamb or chicken over rice. You choose your meat and sauce.

Riku: I see the carts everywhere! I want chicken over rice. Which sauce is good?

Meg: There are two kinds of sauce. There is a red [3]·(　　　　) and a white sauce.

Riku: Oh! What is the white sauce?

Meg: Well … I don't know. I think the white sauce is mild, and the red sauce is spicy.

Riku: It is a NY [4]·(　　　　). I like spicy food, so I will try the red one.

dish	students	mystery	sauce

5. ハラル料理の屋台で注文する時に、何を選択しますか。

_____

6. ソースは何種類ありますか。

_____

📍 Reading

A ニューヨークのガイドブックに掲載されている 1～3 の英文に合うイラストを a～c から選びましょう。　　　　🎧 DL 009　◎ CD 1-09

1. This is a famous symbol of the USA. When people see it, they think about "freedom." The woman holds a tablet and a torch. It was a gift from France!　　[　　]

2. This place is famous for its beautiful view of Manhattan. Many people take pictures of the skyline from there. It is 1834 meters long.　　[　　]

3. This place is a famous building between 48th Street and 51st Street. People love the view from the top. It has 70 floors. People purchase souvenirs there.　　[　　]

a. Rockefeller Center　　**b.** Statue of Liberty　　**c.** Brooklyn Bridge

B ニューヨークの紹介文を読んで英語で質問に答えましょう。　　🎧 DL 010　◎ CD 1-10

■ Real Japanese Sushi in New York

"Real" Japanese sushi looks different in New York. A popular sushi dish is a "dragon roll." The roll has eel and cucumber inside and avocado on top. Another popular roll is the "Philadelphia roll" with salmon on top and cream cheese and cucumbers inside! What are some interesting sushi recipes you know?

■ A View of New York Skyline

New York is a beautiful city. It has five "boroughs" or areas. Manhattan and Staten Island are two boroughs, and they are islands. Many people ride a ferry between the two islands. They enjoy the view of the city skyline from the water! Some people say the best time to see it is at night.

1. ドラゴンロールの中には何が入っていますか。

_____

2. 多くの人はマンハッタン島とスタテン島の間を何で行き来しますか。

_____

Writing

リクは宿泊するホテルに到着しました。1〜3の日本語に合うように、意味順ボックスに適切な英語を入れて英文を完成させましょう。まず日本語を意味順ボックスに入れてから、それぞれの日本語を英語にしてみましょう。(　　　)内の語句はヒントです。

🎧 DL 011　💿 CD 1-11

1. リクはフロントで彼の部屋の鍵をもらいます。(at the front desk)

だれが	する（です）	だれ・なに	どこ	いつ

2. ホテルスタッフはリクのバッグを彼の部屋へ運びます。(a hotel staff member)

だれが	する（です）	だれ・なに	どこ	いつ

3. リクは午後9時にベッドの上でリラックスします。

だれが	する（です）	だれ・なに	どこ	いつ

Speaking

リクがメグの友達のリリーに自己紹介しています。2人の会話を参考に、ペアで自己紹介をしてみましょう。

🎧 DL 012　💿 CD 1-12

例：

Riku: Hi, my name is Riku.　　　　　　**A:** _____

Lily: Nice to meet you, Riku! I am Lily.　**B:** _____

Riku: I am from Tokyo. How about you?　**A:** _____

Lily: I am from San Francisco.　　　　　**B:** _____

The Natural Wonders of Iceland

次の観光地はアイスランドです。リクとメグは地元のヘルギと友達になり、大自然を満喫しています。

Can Do
▶進行中の動作を表現できるようになる
▶自然に関する表現を使えるようになる

📍 Warm Up

日本語から連想する英語を空所に書きましょう。

自然に関する英単語			
mountain			

📍 Key Vocabulary

A 1～4 のイラストに合う表現を a・b からそれぞれ選びましょう。 🎧 DL 013 ◎ CD 1-13

1.

a. the water goes off
b. the water goes down

[　　]

2.

a. backpack in the mountains
b. camp in the mountains

[　　]

3.

a. take a bath
b. take a rest

[　　]

4.

a. observe the geyser
b. overlook the geyser

Note geyser「間欠泉」

[　　]

B **A** の 1～4 のイラストを表す英文を聞いて、答えが合っているか確認しましょう。

🎧 DL 014 ◎ CD 1-14

17

📍 Key Sentences

リクとメグは国立公園に向かっています。1〜4 の英文の音声を聞いて、あとについて言ってみましょう。　🎧 DL 015　◎ CD 1-15

1. Riku and Meg are driving to a national park.
   リクとメグは国立公園に向かって運転しています。

2. I am buying two tickets.
   私はチケットを 2 枚買っています。

3. Meg is taking pictures now.
   メグは今、写真を撮っています。

4. They are watching the sunset.
   彼らは夕日を見ています。

📍 Let's Practice

A 1〜4 の対話が成り立つように、日本語を参考にしながら空所に適切な英語を入れましょう。

1. **A:** What are you doing?　あなたたちは何をしていますか。

   B: We (　　　) (　　　　　　　　) a rest.　私たちは休憩しています。

2. **A:** Are you standing in line?　あなたは列に並んでいますか。

   B: No. I (　　) (　　　　　　) (　　　) the park staff.
   いいえ。私は公園の職員を待っています。

3. **A:** Is she taking pictures now?　彼女は今、写真を撮っていますか。

   B: No. She (　　) (　　　　　) a (　　　　　) now.
   いいえ。彼女は今、動画を撮っています。

4. **A:** What are they looking at?　彼らは何を見ていますか。

   B: They (　　　) (　　　　　　) (　　) the (　　　　　).　彼らは星を見ています。

B 音声を聞いて答えを確認し、ペアになって話してみましょう。　🎧 DL 016　◎ CD 1-16

18

 # Grammar　　　　現在進行形（be 動詞＋一般動詞の ing 形）

▶「○○は〜しているところです」のように、「今、起こっていること」を英語で表現したい場合は現在進行形を使います。現在進行形は〈be 動詞（現在形）＋一般動詞の ing 形〉で表されます。

	主語	例文
am を使う場合	I	I am reading a book. 私は本を読んでいます。
is を使う場合	He、She、It など単数の人・物	She is cutting paper. 彼女は紙を切っています。
are を使う場合	You、They、We など複数の人・物	You are taking a train. あなたは電車に乗っています。

▶一般動詞の ing 形の作り方は大きく 3 パターンあります。

1. 一般動詞の原形の語尾にそのまま ing をつける。

call → calling　　I am calling my mother now.　私は今、母に電話をしています。

2. write のように e で終わる動詞で、その e を発音しない場合は、e を取って ing をつける。

write → writing　　You are writing a letter.　あなたは手紙を書いています。

3. sit のように短母音と子音で終わる動詞は、その最後の子音を繰り返して ing をつける。

sit → sitting　　He is sitting on the sofa.　彼はソファーの上に座っています。

Exercises

1〜3 の日本語に合うように、意味順ボックスに適切な英語を入れましょう。まず日本語を意味順ボックスに入れてから、それぞれの日本語を英語にしてみましょう。

🎧 DL 017　◎ CD 1-17

1. 彼らはトレッキングシューズを履いています。

だれが	する（です）	だれ・なに	どこ	いつ
		trekking shoes.		

2. 私たちは今、川で泳いでいます。

だれが	する（です）	だれ・なに	どこ	いつ

3. 彼女は今、車の中で水を飲んでいます。

だれが	する（です）	だれ・なに	どこ	いつ

⦿ Listening

DL 018　CD 1-18

A リクとメグはアイスランドで観光地を訪れています。1〜3 の音声を聞いて、意味順ボックスの（　）内に適切な英語を入れて英文を完成させましょう。

1. **A** What are those people doing?

B

だれが	する（です）	だれ・なに	どこ	いつ
(　　　　　)	are observing	(　　　　　).		

2. **A** What is Meg doing now?

B

だれが	する（です）	だれ・なに	どこ	いつ
She	(　　　　)	(　　　　).		

3.

A

だれが	する（です）	だれ・なに	どこ	いつ
Riku	(　　　　)	a souvenir		(　　　　).

B OK, let's wait for him.

DL 019　CD 1-19

B ヘルギはリクとメグを観光地に案内しています。1〜4 の空所に入る語を下の選択肢から選び、会話を聞いて答えを確認しましょう。また、5・6 の質問に答えましょう。

Helgi: This tour of the Golden Circle is really ¹·(　　　　　　). There are three sites. Now, we are at the geyser area. Those two holes are geysers!

Riku: What is interesting about geysers? They aren't doing anything.

Helgi: Every ten minutes, the small geyser ²·(　　　　) hot water into the air!

Meg: It looks cool. I want to take a picture with the geysers. Are they very old?

Helgi: The big geyser is over 10,000 years old. It is not active. But the small geyser is around 300 years old. It is very active.

Riku: I am standing by the small geyser now. Please ³·(　　　　) my picture here.

Helgi: The water is ⁴·(　　　　).

Meg: That is not the old one! It is going off! Be careful!

sends	exciting	take	moving

5. ゴールデンサークルには観光スポットがいくつありますか。

_____

6. 間欠泉で何が起こっていますか。

_____

📍 Reading

A アイスランドのガイドブックに掲載されている 1～3 の英文に合うイラストを a～c から選びましょう。　🎧 DL 020　💿 CD 1-20

1. The water is moving very fast then falls 32 meters! You can see rainbows here. There is ice on the ground in the winter, so don't fall in. ［　］

2. This popular tourist place uses natural heat. Hot water is coming up from inside the ground. People sit or swim in the beautiful pools. ［　］

3. This is a large area of ice, rock, and water. It is moving very slowly. You can go there on a snowmobile. Iceland has the largest one in Europe. ［　］

  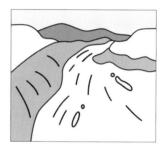

a. hot springs　　**b.** waterfall　　**c.** glaciers

B アイスランドの紹介文を読んで英語で質問に答えましょう。　🎧 DL 021　💿 CD 1-21

■ The Northern Lights (The Aurora Borealis)

Iceland is a wonderful place to see The Northern Lights. When you are watching, you can see beautiful colors in the sky. The colors are usually green, blue, and purple, but sometimes other colors too. The best time to see it is between September and April. You cannot see them every night.

■ Sheep in Iceland

Do you like wool sweaters? Many local people in Iceland wear wool sweaters. The wool is from sheep! Many sheep live in Iceland, so it is a popular animal. Sheep in Iceland are very tough and can live in both cold and warm times of the year. Sometimes they walk in the road, so be careful if you are driving a car.

1. オーロラの一番見やすい時期はいつですか。

_____

2. アイスランドの住民はよく何を着ていますか。

_____

📍 Writing

リクたちは自然観光地を巡っています。1～3 の日本語に合うように、意味順ボックスに適切な英語を入れて英文を完成させましょう。まず日本語を意味順ボックスに入れてから、それぞれの日本語を英語にしてみましょう。(　　) 内の語句はヒントです。

🎧 DL 022　◎ CD 1-22

1. リクとメグは山でバックパッキングをしています。(in the mountain)

だれが	する（です）	だれ・なに	どこ	いつ

2. リクは動画を撮っています。

だれが	する（です）	だれ・なに	どこ	いつ

3. 彼らは今、湖に向かって歩いています。

だれが	する（です）	だれ・なに	どこ	いつ

📍 Speaking

リクとメグがアイスランドの自然観光地を訪れています。例を参考にして、右のイラストの人々がしていることについて、ペアで自由に問題を出し合ってみましょう。

🎧 DL 023　◎ CD 1-23

例：

A: What is Riku doing?

B: He is taking a rest on the bench.

A: What is Meg doing?

B: She is looking at the mountain.

A: _____

B: _____

A: _____

B: _____

Getting Around the UK

リクとメグはイギリスでミアと出会いました。いろいろな乗り物に乗ってロンドンを観光します。

Can Do
▶否定文や疑問文が使えるようになる
▶交通機関に関する表現を使えるようになる

Warm Up

日本語から連想する英語を空所に書きましょう。

乗り物に関する英単語

bus			

Key Vocabulary

A 1～4のイラストに合う表現を a・b からそれぞれ選びましょう。 DL 024 CD 1-24

1.

a. **depart** at 9 a.m.

b. **arrive** at 9 a.m.

[   ]

2.

a. **miss** the bus

b. **ride** the bus

[   ]

3.

a. **get off** the train

b. **get on** the train

[   ]

4.

a. **rush off** the train

b. **rush onto** the train

[   ]

B **A** の1～4のイラストを表す英文を聞いて、答えが合っているか確認しましょう。

DL 025 CD 1-25

📍 Key Sentences

リクとメグは交通機関を利用します。1～4 の英文の音声を聞いて、あとについて言ってみましょう。　　　　　　　　　　　　　　　　　　　　🎧 DL 026　◉ CD 1-26

1. The fare isn't expensive.

   運賃は高くありません。

2. Are those the ticket counters?

   あれらはチケット売り場ですか。

3. This train doesn't stop at every station.

   この電車は各駅には止まりません。

4. Do we get on the train at King's Cross Station?

   私たちはキングス・クロス駅で電車に乗りますか。

📍 Let's Practice

A 1～4 の対話が成り立つように、日本語を参考にしながら空所に適切な英語を入れましょう。

1. **A:** Is the fare cheap?　運賃は安いですか。

   B: No, it (　　　　) (　　　　　　). いいえ、安くありません。

2. **A:** (　　) (　　　　　) a bus stop?　あれはバス停ですか。

   B: No, it's not.　いいえ、そうではありません。

3. **A:** Does this bus go to Baker Street?　このバスはベイカー・ストリートに行きますか。

   B: No, it (　　　　　) (　　) there.　いいえ、そこへは行きません。

4. **A:** (　　) we get (　　　) the train at Victoria Station?

   私たちはヴィクトリア駅で電車を降りますか。

   B: No, we don't.　いいえ、降りません。

B 音声を聞いて答えを確認し、ペアになって話してみましょう。　　🎧 DL 027　◉ CD 1-27

 **Grammar**　　　　　　　　　　　　　　　　　　　現在形（否定文・疑問文）

▶be 動詞の否定文

be 動詞の否定文を作りたい場合は、be 動詞のあとに not を足します。

I am a teacher.　私は先生です。→ I am **not** a teacher.　私は先生ではありません。

▶be 動詞の疑問文

be 動詞の疑問文を作りたい場合は、be 動詞を主語の前に移動させます。

He is Riku's friend.　彼はリクの友達です。→ **Is** he Riku's friend?　彼はリクの友達ですか。

▶一般動詞の否定文

一般動詞の否定文を作りたい場合は、動詞の前に do not（または don't）を足します。主語が 3 人称単数の場合は does not（または doesn't）を使用し、一般動詞に-s または-es <u>をつけません</u>。

He gets up early.　彼は早く起きます。→ He **does not** get up early.　彼は早く起きません。

▶一般動詞の疑問文

一般動詞の疑問文を作りたい場合は、主語の前に do を足します。主語が 3 人称単数の場合は does を足し、否定文同様、一般動詞に-s または-es <u>をつけません</u>。

The customer pays money here. → **Does** the customer pay money here?

その客はここでお金を支払います。　その客はここでお金を支払いますか。

 **Exercises**

1〜3 の日本語に合うように、意味順ボックスに適切な英語を入れましょう。まず日本語を意味順ボックスに入れてから、それぞれの日本語を英語にしてみましょう。

🎧 DL 028　💿 CD 1-28

1.　あなたは毎日、学校まで電車に乗りますか。

たまてばこ	だれが	する（です）	だれ・なに	どこ	いつ
Do					

2.　いいえ、私は毎日、バスに乗ります。

たまてばこ	だれが	する（です）	だれ・なに	どこ	いつ
No,					

3.　私たちは今、地図を持っていません。

たまてばこ	だれが	する（です）	だれ・なに	どこ	いつ

📍 Listening

🎧 DL 029　⊙ CD 1-29

A リクとメグが観光しながら話しています。1〜3の音声を聞いて、意味順ボックスの（　）内に適切な英語を入れて英文を完成させましょう。

1.

A たまてばこ	だれが	する（です）	だれ・なに	どこ	いつ
(　　　)	(　　　)	(　　　)	a ticket?		

B Yes, I do.

2.

A たまてばこ	だれが	する（です）	だれ・なに	どこ	いつ
(　　　)	(　　　)	(　　　)	(　　　)	(　　　)?	

B No, we don't.

3. **A** Does this train stop at Piccadilly Circus?

B たまてばこ	だれが	する（です）	だれ・なに	どこ	いつ
(　　　),	(　　　)	(　　　)		there.	

B リクたちはバス停で話をしています。1〜4の空所に入る語を下の選択肢から選び、会話を聞いて答えを確認しましょう。また、5・6の質問に答えましょう。

🎧 DL 030　⊙ CD 1-30

Meg: I am really ¹·(　　　　　　　) to ride this bus. I have often seen them in movies!

Mia: Yes! They are famous. Double decker buses are really cool.

Riku: Do you need a ²·(　　　　　　) ticket to ride on the upper deck?

Mia: No, but we really have to rush onto the bus to get a good ³·(　　　　　　). There is a special seat with a window on the upper deck above the driver. It has a great ⁴·(　　　　　).

Meg: Really? I want that seat on the upper deck.

Mia: It is a great seat! Do you have your tickets ready?

view	excited	seat	special

5. 特別な座席はどこにありますか。

_____

6. ミアはなぜその座席に座りたいのですか。

_____

📍 Reading

A イギリスには観光地への移動手段がたくさんあります。1～3 の英文に合うイラストを a～c から選びましょう。　　　　　　🎧 DL 031　◎ CD 1-31

1. Like Japan, the UK has many islands. It is usually easy to travel over water using this. Also, the UK gets food and other products from Europe this way.　　[　]

2. People use this in the city to travel short distances. They move on tracks and usually cost the same price as buses.　　[　]

3. These are popular to travel long distances. They do not have two decks. They connect many small towns and cities and are easy to use.　　[　]

a. tram

b. coach

c. ferry

B イギリスの交通機関の紹介文を読んで英語で質問に答えましょう。

🎧 DL 032　◎ CD 1-32

■ The Underground

In American English, people call a railway station under the ground "the subway," but in British English, it is called "the Underground." Another name for the train is "the Tube." People pay by distance when they use the Tube. First, you check what zone you are in, and the zone of your destination. You can also buy a day pass for around ten pounds.

■ The Chunnel

The Chunnel is a tunnel that goes under the English Channel. The Chunnel connects the UK to France. You cannot drive a car in it. It is a tunnel for a railroad. It is an easy and convenient way for people to travel between the UK and France. Another popular way is to go across the English Channel by ferry.

1. イギリスでは地下鉄のことを「アンダーグラウンド」の他に何と呼びますか。

_____

2. チャネル［海峡トンネル］はどこにつながっていますか。

_____

📍 Writing

リクがフェリーのチケットを購入しています。1~3 の日本語に合うように、意味順ボックスに適切な英語を入れて英文を完成させましょう。まず日本語を意味順ボックスに入れてから、それぞれの日本語を英語にしてみましょう。(　　) 内の語句はヒントです。

🎧 DL 033　◎ CD 1-33

1. 私は特別席が必要ではありません。

たまてばこ	だれが	する（です）	だれ・なに	どこ	いつ

2. あなたは割引チケットを売っていますか。(any discount tickets)

たまてばこ	だれが	する（です）	だれ・なに	どこ	いつ

3. フェリーはここから出発しますか。

たまてばこ	だれが	する（です）	だれ・なに	どこ	いつ

📍 Speaking

リクとメグがロンドンで公共交通機関を利用しています。例を参考にして、右のイラストの人々や物の状態や動作について、ペアで自由に問題を出し合ってみましょう。

🎧 DL 034　◎ CD 1-34

例：

A: Does this bus go to Kings Cross Station?

B: Yes, it does.

A: Does Meg have a ticket in her hand?

B: No, she doesn't.

A: _____

B: _____

A: _____

B: _____

Tackling Rugby in Ireland

Unit 4

リクとメグはアイルランドに到着しました。そこで出会った地元の
ジャックがアイルランドの伝統的なスポーツを紹介してくれます。

Can Do
▶命令や指示を伝えることができる
▶スポーツに関する表現を使えるようになる

📍 Warm Up

日本語から連想する英語を空所に書きましょう。

スポーツで使うもの

racket			

📍 Key Vocabulary

A 1〜4 のイラストに合う表現を a・b からそれぞれ選びましょう。　🎧 DL 035　◎ CD 1-35

1.

No!

a. Don't **break** the rules.
b. Don't **follow** the rules.

[　　]

2.

a. **kick** the ball
b. **throw** the ball

[　　]

3.

a. **protect** the opponent
b. **tackle** the opponent

[　　]

4.

a. **put on** your equipment
b. **take off** your equipment

[　　]

B **A** の 1〜4 のイラストを表す英文を聞いて、答えが合っているか確認しましょう。

🎧 DL 036　◎ CD 1-36

📍 Key Sentences

リクとメグはスポーツをしながら、お互いに指示を出し合っています。1〜4 の英文の音声を聞いて、あとについて言ってみましょう。　🎧 DL 037　◎ CD 1-37

1. Shoot the ball.
シュートを撃って。

2. Be brave.
勇気を持って。

3. Don't step on the line.
線を踏まないで。

4. Please pass me the ball.
私にボールをパスしてください。

📍 Let's Practice

A 1〜4 の対話が成り立つように、日本語を参考にしながら空所に適切な英語を入れましょう。

1. A: (　　　　　　) me the (　　　　　). 　私にボールを投げて。

　　B: Alright! 　了解！

2. A: (　　　) (　　　　　　　) of injuries. 　けがに気をつけて。

　　B: Thanks, I will. 　ありがとう、そうします。

3. A: (　　　　　) (　　　　) your hands. 　手を使わないで。

　　B: OK. I won't. 　分かった。使わないよ。

4. A: (　　　　　　) cheer for (　　　). 　どうか私たちを応援してください。

　　B: Of course! 　もちろんです！

B 音声を聞いて答えを確認し、ペアになって話してみましょう。　🎧 DL 038　◎ CD 1-38

⚲ Grammar

▶一般動詞を使った命令文は、一般動詞の原形で文を始めます。be 動詞を使った命令文は、be 動詞の原形 be で文を始めます。

平叙文		命令文

You kick the ball.　あなたはボールを蹴ります。　→　Kick the ball.　ボールを蹴って。

You are quiet.　あなたは静かです。　　　　　　　→　Be quiet.　静かにして。

▶命令文の否定形は一般動詞・be 動詞にかかわらず、文頭に Don't をつけます。

平叙文（否定形）		命令文（否定形）

You do not smoke.　あなたはタバコを吸いません。　→　Don't smoke.　タバコを吸わないで。

You are not shy.　あなたは恥ずかしがりやではありません。　→　Don't be shy.　恥ずかしがらないで。

▶命令文に please をつけることで「～してください」という意味になり、若干丁寧さが増します。

Take a left here.　ここで左に曲がって。　→　Please take a left here.　ここで左に曲がってください。

Don't be late.　遅れないで。　→　Don't be late, please.　遅れないでください。

＊命令文はあくまでも人に命令するときに使用します。please をつけても場合によっては高圧的にとらえられることがあるため注意しましょう。

⚲ Exercises

1～3 の日本語に合うように、意味順ボックスに適切な英語を入れましょう。まず日本語を意味順ボックスに入れてから、それぞれの日本語を英語にしてみましょう。

🎧 DL 039　◉ CD 1-39

1. あなたのユニフォームを洗って。

たまてばこ	だれが	する（です）	だれ・なに	どこ	いつ

2. ここでキャッチボールをしないで。

たまてばこ	だれが	する（です）	だれ・なに	どこ	いつ
			catch		

3. ぼうしを脱いでください。

たまてばこ	だれが	する（です）	だれ・なに	どこ	いつ

📍 Listening

DL 040 ◎ CD 1-40

A リクとジャックがハーリングというスポーツの練習をしています。1～3 の音声を聞いて、意味順ボックスの（　　）内に適切な英語を入れて英文を完成させましょう。

1. **(A)** What equipment do I put on?

(B)
だれが	する（です）	だれ・なに	どこ	いつ
	（　　　　）	a helmet.		

2.
(A)
だれが	する（です）	だれ・なに	どこ	いつ
	（　　　　）	（　　　　）		（　　　　）.

(B) OK, I will follow them.

3. **(A)** Can we score more points? There is not much time.

(B)
だれが	する（です）	だれ・なに	どこ	いつ
	（　　　　）	（　　　　）		（　　　　）.

B リクたちはラグビーを観戦しながら会話をしています。1～4 の空所に入る語を下の選択肢から選び、会話を聞いて答えを確認しましょう。また、5・6 の質問に答えましょう。

DL 041 ◎ CD 1-41

Meg: Jack, thanks for taking us to a rugby game! I wanted to see one in Ireland!

Jack: No problem! Take this [1.](   ). Please meet me at the seats. Go straight up the stairs, and find section 23. I will get us some snacks and drinks.

Jack: Look at that! He is [2.](   ) that player! Oh no!

Riku: Wow, you cannot do that in soccer. Are they throwing the ball backwards?

Jack: Yes, [3.](   ) pass the ball forward in American football. In rugby, players pass the ball backward. You can kick the ball too.

Riku: This is really fun! Hey Jack, [4.](   ) me a snack like them!

pass	players	tackling	ticket

5. スタジアムに入ったら、ジャックとリク、メグはどこで待ち合わせしますか。

_____

6. 何のスポーツでボールを前方に投げますか。

_____

📍 Reading

A アイルランドで人気があるスポーツの解説文です。1～3 の英文に合うイラストを a～ c から選びましょう。　　　　　　　　　　🎧 DL 042 　◎ CD 1-42

1. You use a "club" to hit the ball in this game. Don't kick the ball! People enjoy this game in Ireland because you can walk and enjoy the scenery.　　　　[　]

2. You use only your feet in this game. The ball is medium size. Don't pick up the ball with your hands! It is popular around the world and in Ireland, too.　　[　]

3. People throw or kick the ball. The ball is not round. People can tackle other players. There are 15 players on a team. Players wear soft helmets.　　[　]

a. soccer / football　　　　　**b.** golf　　　　　　　　**c.** rugby

B アイルランドのスポーツの紹介文を読んで英語で質問に答えましょう。

🎧 DL 043 　◎ CD 1-43

■ Gaelic Football

Do you know this sport? This is an original, traditional sport in Ireland. People play the game on a field like a soccer field. In fact, it is a similar game to soccer. To move the ball, you can kick, catch, throw, and bounce the ball. You can kick the ball like soccer, or bounce the ball like basketball. Watch it when you go to Ireland!

■ Hurling / Camogie

People played this game in Ireland over 3,000 years ago! You use a stick and ball in the game. The stick is called a "hurley," and the small ball is called a "sliotar." Players hit the ball into a goal. Men play "hurling," and women play a similar game called "camogie."

1. ゲーリック・フットボールで、選手はどのようにボールを動かしますか。

　　_____

2. 女性がプレーするハーリングに似たスポーツは何と呼ばれていますか。

　　_____

📍 Writing

リクはサッカースタジアムまでの行き方を教えてもらっています。1〜3 の日本語に合うように、意味順ボックスに適切な英語を入れて英文を完成させましょう。まず日本語を意味順ボックスに入れてから、それぞれの日本語を英語にしてみましょう。（　　　）内の語句はヒントです。

🎧 DL 044　💿 CD 1-44

1. ５分歩いてください。

たまてばこ	だれが	する（です）	だれ・なに	どこ	いつ

2. 地図であなたの位置を確認してください。（ your location ）

たまてばこ	だれが	する（です）	だれ・なに	どこ	いつ

3. 銀行で右に曲がって。

たまてばこ	だれが	する（です）	だれ・なに	どこ	いつ

📍 Speaking

リクとメグがアイルランドでスポーツをしています。例を参考にして、右のイラストのスポーツのルールをペアで自由に伝え合いましょう。　🎧 DL 045　💿 CD 1-45

例：

1. Don't kick the ball.

2. Use your hands.

3. Don't take the ball outside the court.

4. Please pass the ball to your teammates.

1. _____

2. _____

3. _____

4. _____

Norwegian Folktales

Unit

5

リクとメグはノルウェーでノラと出会いました。アウトドアが盛んなノルウェーでは、妖精がキャンパーによくいたずらをしてくるようです。リクたちは大丈夫でしょうか。

Can Do
▶過去形を使って物事を説明できるようになる
▶自然・アウトドアや北欧の文化・歴史に関する表現を使えるようになる

📍 Warm Up

日本語から連想する英語を空所に書きましょう。

アウトドアアクティビティーに関する英単語			
campfire			

📍 Key Vocabulary

A 1〜4 のイラストに合う表現を a・b からそれぞれ選びましょう。 🎧 DL 046 💿 CD 1-46

1.

a. **start** the campfire

b. **put out** the campfire

[　　]

2.

a. **find** our way

b. **lose** our way

[　　]

3.

a. **go** camping

b. **go** hiking

[　　]

4.

a. **climb** the mountain

b. **descend** the mountain

[　　]

B **A** の 1〜4 のイラストを表す英文を聞いて、答えが合っているか確認しましょう。

🎧 DL 047 💿 CD 1-47

📍 Key Sentences

リクとメグはノルウェーの森での出来事を思い出しています。1～4の英文の音声を聞いて、あとについて言ってみましょう。 🎧 DL 048 💿 CD 1-48

1. The forest was beautiful.
   森は美しかったです。

2. We slept in a tent.
   私たちはテントで寝ました。

3. Were you tired at night?
   あなたは夜、疲れていましたか。

4. We didn't cook dinner by ourselves.
   私たちは自分たちで夕飯を作りませんでした。

📍 Let's Practice

A 1～4の対話が成り立つように、日本語を参考にしながら空所に適切な英語を入れましょう。

1. **A:** (   ) (   ) cold at the campsite. キャンプ場は寒かったです。

   B: Why didn't you start a campfire? あなたはなぜキャンプファイヤーをしなかったのですか。

2. **A:** What did you do in Norway? あなたはノルウェーで何をしましたか。

   B: I (   ) a (   ). 私は山に登りました。

3. **A:** (   ) you (   ) at night? あなたは夜、怖かったですか。

   B: Yes, I was. はい、怖かったです。

4. **A:** We (   ) (   ) fishing yesterday. 私たちは昨日、釣りに行きませんでした。

   B: Why not? なぜ行かなかったのですか。

B 声を聞いて答えを確認し、ペアになって話してみましょう。 🎧 DL 049 💿 CD 1-49

📍 Grammar　　　　　　　　　過去形（be 動詞、一般動詞、否定文、疑問文）

▶「○○は〜でした」のように過去のことを言いたいときは動詞の形を変え過去形にすることで表現できます。be 動詞の過去形は am と is は was、are は were です。

現在形		過去形
I am a student now.	→	I was a student last year.
This car is not new.	→	This car was not new 10 years ago.
Are you sick today?	→	Were you sick yesterday?

▶「○○は〜しました」のように過去の動作を表現したいときは、一般動詞の原形の語尾に d または ed をつけます。これらを規則動詞と呼びます。その他にも、過去形が不規則に変化する動詞があり、それらを不規則動詞と呼びます。不規則動詞は大きく分けて 4 つの変化パターンがあります。

規則動詞	不規則動詞	
call → called	（1）begin → began（1 文字変化）	（2）tell → told（2 文字以上変化）
hike → hiked	（3）read → read（変化なし）	（4）go → went（完全に変化）

▶一般動詞を使った過去の否定文は〈主語＋did not［didn't］＋一般動詞の原形〉で作ります。一般動詞を使った過去の疑問文は〈Did＋主語＋動詞の原形〜?〉で作ります。

He climbed the mountain last weekend.　彼は先週末、山に登りました。
He didn't go fishing last weekend.　彼は先週末、釣りに行きませんでした。
Did he swim in the river last weekend?　彼は先週末、川で泳ぎましたか。

📍 Exercises

1〜3 の日本語に合うように、意味順ボックスに適切な英語を入れましょう。まず日本語を意味順ボックスに入れてから、それぞれの日本語を英語にしてみましょう。

🎧 DL 050　◎ CD 1-50

1. 私は先週末、ハイキングに行きました。

たまてばこ	だれが	する（です）	だれ・なに	どこ	いつ

2. 森の中は霧がかっていました。

たまてばこ	だれが	する（です）	だれ・なに	どこ	いつ
	It		foggy		

3. 私たちは昨日、山の頂上で夕日を見ませんでした。

たまてばこ	だれが	する（です）	だれ・なに	どこ	いつ
				on the top of the mountain	

📍 Listening

A リクとメグがハイキングをしながら会話をしています。1〜3の音声を聞いて、意味順ボックスの（　）内に適切な英語を入れて英文を完成させましょう。

🎧 DL 051　💿 CD 1-51

1. Ⓐ Do you have our food and water?

Ⓑ たまてばこ	だれが	する（です）	だれ・なに	どこ	いつ
(　　　),	(　　　)	(　　　)	(　　　)	at the campsite.	

2. Ⓐ Do you know where we are?

Ⓑ たまてばこ	だれが	する（です）	だれ・なに	どこ	いつ
	(　　　)	(　　　)	(　　　).		

3.

Ⓐ たまてばこ	だれが	する（です）	だれ・なに	どこ	いつ
(　　　)	(　　　)	(　　　)	(　　　)	(　　　)	(　　　)?

Ⓑ No, I didn't see anything.

B リクたちは森を歩きながら話しています。1〜4の空所に入る語を下の選択肢から選び、会話を聞いて答えを確認しましょう。また、5・6の質問に答えましょう。

🎧 DL 052　💿 CD 1-52

Riku: Let's find Santa Claus in the [1.](   )! I know he is close!

Meg: I think Santa Claus lives in the North Pole or Finland, not Norway. We hiked for many hours. It is late and cold. I think we have lost our way in the woods.

Mysterious Man: Are you cold? Come into my house. I made a [2.](   ).

Riku: Is he talking to us? That man looks strange. He is very tall and has a big nose.

Nora: Let's go. It's [3.](   ), so we need to stay at his house.

Riku: This house is very nice. Hey! Where is he? Oh! He disappeared!

Meg: I think he was a fairy! Some fairies are kind! He helped us!

Nora: Some fairies are [4.](   ). So let's be careful.

fire	dangerous	woods	late

5. サンタクロースはどこに住んでいるとメグは思っていますか。

_____

6. 不思議な男の人は3人を誘った後、どうなりましたか。

_____

📍 Reading

A 北欧で有名な妖精の解説文です。1〜3 の英文に合うイラストを a〜c から選びましょう。　　🎧 DL 053　💿 CD 1-53

1. This was a short creature from Norway. They had pointed ears and usually had beards. Sometimes they helped in the house. They helped Santa in his toyshop.

[　　　]

2. These creatures were very large. They lived in forests and mountains. They were not very smart, but they were very strong. They could control the weather. [　　　]

3. Do you like to swim? In Norway, you must be careful of lakes. There were creatures that looked like men or horses in them. Please be careful!　　[　　　]

a. elf

b. "nokken"

c. troll

B 北欧文化の紹介文を読んで英語で質問に答えましょう。　　🎧 DL 054　💿 CD 1-54

■ Vikings

This is not food you eat at a restaurant! These people lived in Norway, Sweden, Iceland, and other northern European places about 1,000 years ago. They sailed around Europe and in the sea. They sold things, but they attacked people too. They also visited England. In fact, some English words like "sky" and "guest" came from their language.

■ Nordic Gods

Do you know the names Loki or Thor? These gods come from Norway! These gods could do many things. The Vikings worshiped them for war, knowledge, and birth. Odin was the king of the gods, and Frigg was his wife. There were many Nordic gods.

1. バイキングの言葉から英語に残った言葉には何がありますか。

_____

2. 「フリグ」は誰でしたか。

_____

📍 Writing

リクはキャンプ中に何かをなくしてしまったようです。1～3 の日本語に合うように、意味順ボックスに適切な英語を入れて英文を完成させましょう。まず日本語を意味順ボックスに入れてから、それぞれの日本語を英語にしてみましょう。（　　）内の語句はヒントです。

🎧 DL 055　💿 CD 1-55

1. 私は少し前に、自分の鍵をなくしました。(a while ago)

たまてばこ	だれが	する（です）	だれ・なに	どこ	いつ

2. テントの中を確認しましたか。(inside of the tent)

たまてばこ	だれが	する（です）	だれ・なに	どこ	いつ

3. それらは私の寝袋の隣にありました。

たまてばこ	だれが	する（です）	だれ・なに	どこ	いつ

📍 Speaking

リクとメグはノルウェーでアウトドアを楽しみました。例を参考にして、右のイラストのようにあなたも先週末にキャンプに行ったと想像して、何時に何をしたか自由に書きましょう。その後、ペアで発表し合いましょう。　🎧 DL 056　💿 CD 1-56

例：

1. We entered the forest at 10 a.m.

2. We ate lunch at noon.

3. We lost our way at 2 p.m.

4. We found the path at 3:30 p.m.

1. _____

2. _____

3. _____

4. _____

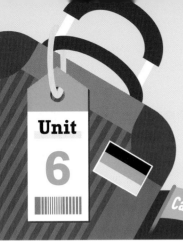

Food Tour in Germany

リクとメグはドイツに到着しました。彼らは現地で出会ったハンスと一緒にいろんなドイツ料理を食べ歩くようです。

Can Do
▶未来のことについて表現できるようになる
▶食べ物・飲み物に関する表現を使えるようになる

📍 Warm Up

日本語から連想する英語を空所に書きましょう。

食べ物・飲み物			
pizza			

📍 Key Vocabulary

A 1〜4 のイラストに合う表現を a・b からそれぞれ選びましょう。 🎧 DL 057 💿 CD 1-57

1.

a. serve a meal
b. order a meal

[   ]

2.

a. make a reservation
b. cancel a reservation

[   ]

3.

a. smell the food
b. taste the food

[   ]

4.

a. pay the whole bill
b. split the bill

[   ]

B **A** の 1〜4 のイラストを表す英文を聞いて、答えが合っているか確認しましょう。

🎧 DL 058 💿 CD 1-58

📍 Key Sentences

リクとメグは今日の夕食について話しています。1〜4 の英文の音声を聞いて、あとについて言ってみましょう。　🎧 DL 059　◉ CD 1-59

1. We will go to a German restaurant tonight.
私たちは今夜、ドイツ料理のレストランに行く予定です。

2. Are you going to make a reservation at the restaurant?
あなたはそのレストランを予約するつもりですか。

3. Will you eat sausage?
あなたはソーセージを食べる予定ですか。

4. I am going to pay by credit card.
私はクレジットカードで支払いをするつもりです。

📍 Let's Practice

A 1〜4 の対話が成り立つように、日本語を参考にしながら空所に適切な英語を入れましょう。

1. A: What will you do this weekend?　あなたは今週末、何をする予定ですか。
　　B: I (　　　　) (　　　　　) German food.　私はドイツ料理を作る予定です。

2. A: (　　　　) we (　　　　　) the bill?　割り勘にしますか。
　　B: No, I will pay the whole bill.　いいえ、私が勘定を全部支払います。

3. A: (　　　) you (　　　　　) (　　) buy some chocolate at the Christmas Market
　　tonight?　あなたは今夜、クリスマスマーケットでチョコレートを買うつもりですか。
　　B: Yes, I am.　はい、そうです。

4. A: Are you going to eat them all yourself?
　　　　あなたはそれらを一人で全部食べるつもりですか。
　　B: No. I (　　　) going to (　　　　　) them to my friends.
　　　　いいえ。私の友達にあげるつもりです。

B 音声を聞いて答えを確認し、ペアになって話してみましょう。　🎧 DL 060　◉ CD 1-60

Grammar   未来表現

▶ 未来に起きること、もしくは起こりそうなことを表現する際は〈主語＋will＋動詞の原形〉で表現できます。will を使った否定文は〈主語＋will not［won't］＋動詞の原形〉で表現できます。will を使った疑問文は〈Will＋主語＋動詞の原形〜?〉となります。

They **will** go to a German restaurant tonight.　彼らは今夜、ドイツ料理のお店に行くつもりです。
They **won't** cook dinner at home tonight.　彼らは今夜、家で夕飯を作るつもりはありません。
Will they eat out next weekend**?**　彼らは来週末、外食するつもりですか。

▶ will の他に〈主語＋be 動詞＋going to＋動詞の原形〉で未来のことを表現できます。be going to はある事柄がすでに決まっており、その未来の事柄を表現するときに使います。

I **am going to** take an airplane tomorrow.　私は明日、飛行機に乗ります。
　　　　　　　　　　　　　　　　　　（＝明日、飛行機に乗ることがすでに決まっている）
She **is not going to** take the airplane.　彼女はその飛行機に乗るつもりはありません。
Are you **going to** visit some countries**?**　あなたはいくつかの国を訪れるつもりですか。

Exercises

1〜3 の日本語に合うように、意味順ボックスに適切な英語を入れましょう。まず日本語を意味順ボックスに入れてから、それぞれの日本語を英語にしてみましょう。

🎧 DL 061　◎ CD 1-61

1. 私は今夜、夕食を作るつもりはありません。

たまてばこ	だれが	する（です）	だれ・なに	どこ	いつ

2. あなたはピザを注文しますか。

たまてばこ	だれが	する（です）	だれ・なに	どこ	いつ
			a pizza?		

3. あなたは割引きクーポンを使う予定ですか。

たまてばこ	だれが	する（です）	だれ・なに	どこ	いつ
			a discount coupon?		

📍 Listening

A リクとメグは出店でドイツの食べ物を注文しています。1〜3の音声を聞いて、意味順ボックスの（　　）内に適切な英語を入れて英文を完成させましょう。

🎧 DL 062 ⦿ CD 1-62

1. Ⓐ What will you eat for lunch?

Ⓑ
たまてばこ	だれが	する（です）	だれ・なに	どこ	いつ
（　　）	（　　）	（　　）.			

2. Ⓐ When will they serve our coffee?

Ⓑ
たまてばこ	だれが	する（です）	だれ・なに	どこ	いつ
（　　）	（　　）	（　　）		（　　）.	

3. Ⓐ Would you like anything else?

Ⓑ
たまてばこ	だれが	する（です）	だれ・なに	どこ	いつ
（　　）,	（　　）	（　　）	anything else.		

B リクたちはレストランで食事をしようとしています。1〜4の空所に入る語を下の選択肢から選び、会話を聞いて答えを確認しましょう。また、5・6の質問に答えましょう。

🎧 DL 063 ⦿ CD 1-63

Meg: I am very excited to try some local German dishes. Do you have a ¹·(　　　　　　　　　　　)?

Hans: You will love schnitzel! It is a dish made from a thin piece of fried pork. German people like to eat it with mushroom sauce.

Riku: Mushroom sauce … I will pass. What about ²·(　　　　　　　　　　　)?

Hans: There are many kinds of "bratwurst." Which sausage will you ³·(　　　　　　　　　　　)?

Meg: I will order "currywurst." Is that on the menu?

Hans: Oh, great! The sauce has both ketchup and curry ⁴·(　　　　　　　　　　　) in it.

Riku: That sounds really good!! I will order that, too.

powder	recommendation	choose	sausage

5. リクはなぜ「シュニッツェル」を注文しないのですか。

_____

6. メグは何を注文しますか。

_____

📍 Reading

A ドイツ料理の解説文です。1～3 の英文に合うイラストを a～c から選びましょう。

🎧 DL 064 ⊙ CD 1-64

1. This is a famous fried dish in Germany. It is round, and restaurants will serve it with a fruit sauce like applesauce. It is made from potato. [   ]

2. People will eat this as a side dish in Germany. It is a bit like "natto" because it is fermented. However, this dish uses cabbage. [   ]

3. This food is filled with meat and vegetables. They have a square or rectangle shape. They are a little bit similar to "gyoza," but chefs will not fry this food. [   ]

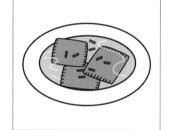

a. kartoffelpuffer **b.** maultaschen **c.** sauerkraut

B ドイツのお祭りの紹介文を読んで英語で質問に答えましょう。 🎧 DL 065 ⊙ CD 1-65

■ Oktoberfest

Many people enjoy German food at this event, but beer is the main focus. People will gather from around Germany, and from around the world, in the town of Munich. This festival is very old, starting over 200 years ago. People will try many different types of German beer in September and October.

■ Christmas Market

Can we visit Germany and not talk about Christmas markets? People will shop here for Christmas gifts in November and December. There are many Christmas markets. You will see them in big and small cities around Germany. Please don't just shop. The food is delicious at Christmas markets too!

1. 人々はオクトーバーフェストで何を試しますか。

_____

2. クリスマスマーケットはどこにありますか。

_____

Writing

リクとメグが来年の夏休みの話をしています。1〜3 の日本語に合うように、意味順ボックスに適切な英語を入れて英文を完成させましょう。まず日本語を意味順ボックスに入れてから、それぞれの日本語を英語にしてみましょう。( ) 内の語句はヒントです。

🎧 DL 066 ◎ CD 1-66

1. あなたは次の夏、どこを旅行しますか。

たまてばこ	だれが	する（です）	だれ・なに	どこ	いつ

2. 私はどこにも行くつもりはありません。(anywhere)

たまてばこ	だれが	する（です）	だれ・なに	どこ	いつ

3. 私は夏の間、カフェで仕事をする予定です。

たまてばこ	だれが	する（です）	だれ・なに	どこ	いつ

Speaking

あなたは来年、ドイツに旅行に行きます。例を参考にして、右のイラストを見ながら自由に予定を立てましょう。その後、ペアで発表し合いましょう。 🎧 DL 067 ◎ CD 1-67

例：

1. I will ask for a table by the window.
2. I will order German sausage and sauerkraut.
3. I will taste many desserts.
4. I will split the bill with my friend.

1. _____
2. _____
3. _____
4. _____

Austrian Symphony

リクとメグはドイツに近いオーストリアに到着しました。この国は音楽が有名で、2人は地元で出会ったリナと伝統的な音楽を楽しみます。

Can Do
▶WH疑問文を使い分けることができる
▶音楽に関する表現を使えるようになる

📍 Warm Up

日本語から連想する英語を空所に書きましょう。

楽器			
piano			

📍 Key Vocabulary

A 1〜4のイラストに合う表現を a・b からそれぞれ選びましょう。 🎧 DL 068 ⦿ CD 1-68

1.

a. **perform** the play
b. **read** the play

[　]

2.

a. **enter** the concert hall
b. **exit** the concert hall

[　]

3.

a. **switch** your seat
b. **reserve** your seat

[　]

4.

a. the curtain will **go up**
b. the curtain will **come down**

[　]

B A の1〜4のイラストを表す英文を聞いて、答えが合っているか確認しましょう。

🎧 DL 069 ⦿ CD 1-69

📍 Key Sentences

リクはオペラについてリナにたずねています。1〜4 の英文の音声を聞いて、あとについて言ってみましょう。　🎧 DL 070　◎ CD 1-70

1. When did you watch an opera for the first time?
あなたはいつオペラを初めて見ましたか。

2. What do you wear to go to see an opera?
あなたはオペラを見に行くために何を着ますか。

3. Where is the box office?
チケット売り場はどこですか。

4. How do I enter the balcony?
バルコニー席にはどのように入りますか。

📍 Let's Practice

A 1〜4 の対話が成り立つように、日本語を参考にしながら空所に適切な英語を入れましょう。

1. A: (　　　　) (　　　) we enter the concert hall?
　　私たちはいつコンサートホールに入りますか。

　　B: We will enter one hour before the show.　私たちはショーの 1 時間前に入ります。

2. A: (　　　　) instrument (　　　　) she play?　彼女は何の楽器を演奏しますか。

　　B: She plays the cello.　彼女はチェロを演奏します。

3. A: (　　　　) (　　　) the opera house?　オペラハウスはどこですか。

　　B: It is next to the museum.　それは博物館の隣にあります。

4. A: (　　　) (　　　) you like their music?　彼らの音楽はどうですか。

　　B: I like it very much.　とても好きです。

B 音声を聞いて答えを確認し、ペアになって話してみましょう。　🎧 DL 071　◎ CD 1-71

📍 Grammar

WH 疑問文

▶Who、What、Where、When、Why、How を使った疑問文は、一般動詞の疑問文が作れれば簡単に作ることができます。

あなたは今日、英語を勉強しますか。　→　あなたは（今日）いつ、英語を勉強しますか。
Do you study English today?　　　　→　When do you study English (today)?
　　　　　　　　　　　　　　　　　　＊When は「いつ」を聞いているので today を消します。

▶be 動詞を使った疑問文も、同様に Who、What、Where、When、Why、How を使った疑問文を作ることができます。

リクは昨日、図書館にいましたか。　→　リクは昨日、（図書館）どこにいましたか。
Was Riku at the library yesterday?　→　Where was Riku (at the library) yesterday?
　　　　　　　　　　　　　　　　　　＊Where は「どこ」を聞いているので at the library を消します。

▶その他の 5W1H を使った疑問文の例：
Why was he at the music store yesterday?　なぜ彼は昨日、楽器店にいたのですか。
What time did she perform her dance on the stage?　彼女は何時にステージの上で踊りを披露しましたか。
How do I pay here?　ここではどのように支払えばよいですか。

📍 Exercises

1～3 の日本語に合うように、意味順ボックスに適切な英語を入れましょう。まず日本語を意味順ボックスに入れてから、それぞれの日本語を英語にしてみましょう。

🎧 DL 072　◎ CD 1-72

1. 彼女はいつその曲を演奏しましたか。

たまてばこ	だれが	する（です）	だれ・なに	どこ	いつ

2. 私たちの席はどこですか。

たまてばこ	だれが	する（です）	だれ・なに	どこ	いつ

3. 何時に幕が上がりますか。

たまてばこ	だれが	する（です）	だれ・なに	どこ	いつ

Listening

A メグとリナが楽器店で話しています。1〜3 の音声を聞いて、意味順ボックスの（　　）内に適切な英語を入れて英文を完成させましょう。　🎧 DL 073　💿 CD 1-73

1.

Ⓐ
たまてばこ	だれが	する（です）	だれ・なに	どこ	いつ
(　　)	that instrument?				

Ⓑ It is a harp.

2.

Ⓐ
たまてばこ	だれが	する（です）	だれ・なに	どこ	いつ
(　　)	(　　)	(　　)	(　　)?		

Ⓑ You hold it like this and play the strings.

3.

Ⓐ
たまてばこ	だれが	する（です）	だれ・なに	どこ	いつ
(　　)	your favorite musician?				

Ⓑ I really like Yo-Yo Ma. He is a famous cellist.

B リクたちはオペラに行きます。1〜4 の空所に入る語を下の選択肢から選び、会話を聞いて答えを確認しましょう。また、5・6 の質問に答えましょう。

🎧 DL 074　💿 CD 1-74

Riku: I am very excited to see this ¹·(　　　　). Where is it from?

Lena: This opera is from Italy, and they perform it here every night.

Meg: This is exciting! Opera singers have beautiful voices. Lena, ²·(　　　　) are our seats?

Lena: We have balcony seats. They are on the second floor.

Riku: Wonderful! Were they expensive?

Lena: Actually, they were ³·(　　　　). I found a special deal on the internet.

Meg: Great! When will the performance ⁴·(　　　　) ?

Lena: It will start soon. Look, the curtain is going up!

start	cheap	where	opera

5. このオペラはどの国のものですか。

_____

6. 3人の席はどこの席ですか。

_____

📍 Reading

A オーストリアの楽器店で見た楽器の説明文です。1～3 の英文に合うイラストを a～c から選びましょう。　　🎧 DL 075　◎ CD 1-75

1. You must sit down to play this instrument. You play this instrument with only your hands. It is large and heavy, and has many strings. [　　]

2. This instrument has a deep sound and four strings. The instrument is usually a brown color. You cannot play the instrument with your hands. You must use a bow.

[　　]

3. This instrument has four strings. Usually, people sit down when they play this instrument, but they can stand up too. This is the smallest of the three instruments. [　　]

a. violin　　　　　　**b.** cello　　　　　　**c.** harp

B オーストリアの紹介文を読んで英語で質問に答えましょう。　　🎧 DL 076　◎ CD 1-76

■ Vienna: The City of Music

Vienna is the capital city of Austria and has a very long history with music and art. What is Vienna famous for? It is famous for opera houses and concert halls. You can often hear people singing or an orchestra playing a famous song with instruments. People buy old instruments here too. If you love music, you should visit this city!

■ Famous Composers

Who is your favorite composer? Some famous composers from Austria are Mozart, Haydn, and Schubert. There are many more famous composers too. Most of these popular composers lived between 1700 and 1950. These people were musical geniuses.

1. ウィーンで何を買うことができますか。

_____

2. オーストリアの有名な作曲家の多くが生きていた年代はいつですか。

_____

◉ Writing

リクがリナに劇場についてたずねています。1〜3の日本語に合うように、意味順ボックスに適切な英語を入れて英文を完成させましょう。まず日本語を意味順ボックスに入れてから、それぞれの日本語を英語にしてみましょう。（　　）内の語句はヒントです。

🎧 DL 077　◎ CD 1-77

1. あなたのお気に入りの劇場はどこにありますか。

たまてばこ	だれが	する（です）	だれ・なに	どこ	いつ

2. 私はそこにどのように行きますか。

たまてばこ	だれが	する（です）	だれ・なに	どこ	いつ

3. そのバスは何時に来ますか。

たまてばこ	だれが	する（です）	だれ・なに	どこ	いつ

◉ Speaking

リクがリナに好きな音楽についてたずねています。2人の会話を参考に、好きなアーティストや曲について、ペアで自由にたずね合いましょう。　🎧 DL 078　◎ CD 1-78

例：

Riku: Who is your favorite singer?　　　**A:** _____

Lena: My favorite singer is Freddy Mercury.　**B:** _____

Riku: What is your favorite song?　　　**A:** _____

Lena: I love "Don't Stop Me Now."　　　**B:** _____

The Animals of Malta

リクとメグは地中海のマルタ島にやって来ました。自然豊かなこの島で地元のジョンと一緒にさまざまな生き物と触れ合います。

Can Do
▶助動詞を使い分けることができる
▶生き物に関する表現を使えるようになる

📍 Warm Up

日本語から連想する英語を空所に書きましょう。

生き物

dolphin			

📍 Key Vocabulary

A 1～4 のイラストに合う表現を a・b からそれぞれ選びましょう。 🎧 DL 079 ◎ CD 1-79

1.

a. catch dangerous animals

b. avoid dangerous animals

[　　]

2.

a. pet the cat

b. carry the cat

[　　]

3.

a. walk the dog

b. feed the dog

[　　]

4.

a. bite your finger

b. scratch your finger

[　　]

B **A** の 1～4 のイラストを表す英文を聞いて、答えが合っているか確認しましょう。

🎧 DL 080 ◎ CD 1-80

📍 Key Sentences

リクとジョンがマルタ島で会える動物について話しています。1〜4 の英文の音声を聞いて、あとについて言ってみましょう。　　🎧 DL 081　◎ CD 1-81

1. **Can we see a lot of cats in Malta?**
   マルタ島ではたくさんのネコを見ることができますか。

2. **You should visit the aquarium near the sea.**
   あなたは海の近くの水族館を訪れるべきです。

3. **We must not touch the animals.**
   私たちは動物に触ってはいけません。

4. **Some animals may come out at night.**
   一部の動物たちは夜に姿を現すかもしれません。

📍 Let's Practice

A 1〜4 の対話が成り立つように、日本語を参考にしながら空所に適切な英語を入れましょう。

1. **A:** (　　　　) seals (　　　　) fast?　アザラシは速く泳ぐことができますか。
   B: Yes, they can.　はい、できます。

2. **A:** I want to see some birds too.　私は鳥も見たいです。
   B: You (　　　　　　) (　　) to Duck Village.　あなたはダック・ヴィレッジに行くべきです。

3. **A:** The cat is sleeping.　ネコが寝ています。
   B: You (　　　　) not (　　　　　) loudly.　あなたは大きな声で話してはいけません。

4. **A:** Can I feed your dog?　あなたのイヌにえさをあげてもいいですか。
   B: No, my dog (　　) (　　　　) you.　いいえ、私のイヌはあなたを噛むかもしれません。

B 音声を聞いて答えを確認し、ペアになって話してみましょう。　🎧 DL 082　◎ CD 1-82

54

📍 Grammar 　　　　　　助動詞 (can、must、may、should)

▶ 「○○は~することができる」や「○○は~しなければならない」など、動詞の意味を変化させたいときは助動詞の can や must などを使います。助動詞は動詞の前に置くだけで簡単に文を作ることができます。

I **can** read an English newspaper.　私は英語の新聞を読むことができます。
We **must** get up at 6 a.m.　私たちは朝 6 時に起きなければなりません。
She **may** come later.　彼女はあとで来るかもしれません。
May I come in?　入ってもいいですか。

▶ 助動詞のあとの動詞は必ず動詞の原形になります。

You **can** <u>swim</u> fast.　あなたは速く泳ぐことができます。
He **must** <u>go</u> home.　彼は家に帰らなければなりません。
It **may** <u>rain</u>.　雨が降るかもしれません。
I **cannot** [**can't**] <u>find</u> the room key.　私は部屋の鍵を見つけることができません。
You **must** <u>be</u> tired.　あなたは疲れているに違いありません。
You **should** <u>try</u> this food.　あなたはこの食べ物を試しに食べてみるべきです。
You **must not** <u>use</u> my PC.　あなたは私のパソコンを使ってはいけません。

📍 Exercises

1~3 の日本語に合うように、意味順ボックスに適切な英語を入れましょう。まず日本語を意味順ボックスに入れてから、それぞれの日本語を英語にしてみましょう。

🎧 DL 083　◎ CD 1-83

1. ペンギンは空を飛ぶことができません。

たまてばこ	だれが	する（です）	だれ・なに	どこ	いつ
	Penguins				

2. あのクマにえさをあげてはいけません。

たまてばこ	だれが	する（です）	だれ・なに	どこ	いつ
	You				

3. この島ではサルはあなたの食べ物を盗むかもしれません。

たまてばこ	だれが	する（です）	だれ・なに	どこ	いつ
				on this island.	

📍 Listening

A リクとメグはジョンと一緒に動物園にやって来ました。1～3 の音声を聞いて、意味順ボックスの（　　）内に適切な英語を入れて英文を完成させましょう。

🎧 DL 084　◎ CD 1-84

1.

Ⓐ たまてばこ	だれが	する（です）	だれ・なに	どこ	いつ
	Some lizards	（　　　　）		（　　　　）.	

Ⓑ Wow, that's really cool.

2.

Ⓐ たまてばこ	だれが	する（です）	だれ・なに	どこ	いつ
（　　　）	（　　　）	（　　　）		（　　　）?	

Ⓑ Because those birds will get scared and fly away.

3.

Ⓐ たまてばこ	だれが	する（です）	だれ・なに	どこ	いつ
	（　　　）	（　　　）	hedgehogs.		

Ⓑ Yeah, that sounds dangerous.

B リクたちはきれいな砂浜にやって来ました。1～4 の空所に入る語を下の選択肢から選び、会話を聞いて答えを確認しましょう。また、5・6 の質問に答えましょう。

🎧 DL 085　◎ CD 1-85

Meg: John, thanks for taking us to the beach! The weather is so [1.](   ) today.

Riku: Look over there! I see a blue bird with a red stomach.

John: You are [2.](   ) to see it! It is called a "Blue Rock Thrush."

Riku: Are they [3.](   )? Can I touch the bird?

John: I do not recommend it. They may fly away when you get [4.](   ).

Meg: What are those in the water? They are far away … they must be dolphins.

John: You are lucky too, Meg! Those aren't dolphins. That is a family of whales!

lucky	beautiful	dangerous	close

5. リクが見た鳥はどんな色ですか。

_____

6. その鳥に近づくとどうなりますか。

_____

📍 Reading

A マルタのガイドブックに掲載されている 1～3 の英文に合うイラストを a～c から選びましょう。　🎧 DL 086　💿 CD 1-86

1. This animal is very rare in Malta. It doesn't eat vegetables. It only eats meat such as squid, fish, or other ocean creatures. It can swim very fast.　[　　]

2. This animal is small and can become a ball. You must watch out though! If you touch it, you may scratch your hand. Please don't pet it!　[　　]

3. This animal can run very fast and is difficult to catch. Sometimes it will eat apples or potatoes. You can see it running in the streets.　[　　]

a. hedgehog　　　　**b.** seal　　　　**c.** lizard

B マルタの紹介文を読んで英語で質問に答えましょう。　🎧 DL 087　💿 CD 1-87

■ The Cats of Malta

You can find many cats in Malta: on windows, on benches, or even on boats. Why are there so many cats walking around? Many people that live on Malta like to feed them, so the cats never become hungry. Tourists must be careful! Sometimes cats will bother them at cafés. The cats want food!

■ "Pharaoh" Hound

Do you think of the word "pharaoh" when you think of Malta? Pharaoh hounds are beautiful dogs that were brought to Malta from Egypt a long time ago. When these dogs become happy, their noses and ears get pinker! So, people say they "blush." People can train these dogs to smile too.

1. 観光客はなぜ気をつけなければなりませんか。

_____

2. 人々はファラオハウンドを訓練して何をすることが可能ですか。

_____

📍 Writing

メグとジョンが水族館で話しています。1～3 の日本語に合うように、意味順ボックスに適切な英語を入れて英文を完成させましょう。まず日本語を意味順ボックスに入れてから、それぞれの日本語を英語にしてみましょう。( ) 内の語句はヒントです。

🎧 DL 088 💿 CD 1-88

1. あなたはこの水族館で、地中海の魚を見ることができます。(Mediterranean fish)

たまてばこ	だれが	する（です）	だれ・なに	どこ	いつ

2. あなたはここでフラッシュを使ってはいけません。(a flash)

たまてばこ	だれが	する（です）	だれ・なに	どこ	いつ

3. それは魚を怖がらせるかもしれません。

たまてばこ	だれが	する（です）	だれ・なに	どこ	いつ

📍 Speaking

リクとメグがマルタで出会った動物の中で、ペアの相手が好きな動物はどれか、その動物ができることをたずねて当ててみましょう。

🎧 DL 089 💿 CD 1-89

例：

Meg: Can the animal jump high?	**A:** _____
Riku: No, it can't.	**B:** _____
Meg: What can the animal do?	**A:** _____
Riku: It can become a ball shape.	**B:** _____
Meg: It is a hedgehog!	**A:** _____

Moroccan Souvenirs

Unit 9

リクとメグはモロッコまで来ました。地元のナディアと出会い、伝統工芸品を見てまわります。モロッコはヨーロッパに近いですが、少し違う風景です。

Can Do
▶現在完了形を使えるようになる
▶買い物に関する表現を使えるようになる

📍 Warm Up

日本語から連想する英語を空所に書きましょう。

旅行中に買うおみやげ			
postcard			

📍 Key Vocabulary

A 1〜4 のイラストに合う表現を a・b からそれぞれ選びましょう。 🎧 DL 090 ⊙ CD 2-02

1.

a. **negotiate** with the clerk

b. **shake hands** with the clerk

[   ]

2.

a. **discount** the price

b. **increase** the price

[   ]

3.

a. **save** money

b. **spend** money

[   ]

4.

a. **examine** the quality

b. **ignore** the quality

[   ]

B **A** の 1〜4 のイラストを表す英文を聞いて、答えが合っているか確認しましょう。

🎧 DL 091 ⊙ CD 2-03

📍 Key Sentences

リクとメグは市場で伝統工芸品を見ています。1〜4の英文の音声を聞いて、あとについて言ってみましょう。

🎧 DL 092 ◎ CD 2-04

1. **I have tried this spice before.**
   私は以前、このスパイスを試したことがあります。

2. **I have never seen such a beautiful rug.**
   私はこんなにきれいな絨毯を見たことがありません。

3. **I have already bought some accessories.**
   私はすでにアクセサリーをいくつか買いました。

4. **Have you walked around the market?**
   あなたは市場をぶらついていましたか。

📍 Let's Practice

A 1〜4の対話が成り立つように、日本語を参考にしながら空所に適切な英語を入れましょう。

1. **A:** Have you been to a market in Morocco?
   あなたはモロッコの市場に行ったことがありますか。
   B: Yes, I (   ) (   ) at one before.
   はい、私は以前市場で買い物をしたことがあります。

2. **A:** I (   ) never (   ) mint tea before.
   私はミントティーを飲んだことがありません。
   B: Really? You must try it. 本当ですか。試してみないと。

3. **A:** This jewelry looks good on you. このアクセサリーはあなたにお似合いです。
   B: Thanks, but I (   ) already (   ) too much money.
   ありがとう、しかし私はすでにお金をたくさん使いすぎました。

4. **A:** (   ) you (   ) a new rug? 新しい絨毯を買いましたか。
   B: Yes, the clerk gave me a discount. はい、店員が割引してくれました。

B 音声を聞いて答えを確認し、ペアになって話してみましょう。 🎧 DL 093 ◎ CD 2-05

⚲ Grammar

現在完了形

過去から現在まで続いている状態や動作を表現したいときは現在完了形を使います。現在完了形は〈have［has］＋過去分詞〉で表すことができます。

▶ 過去に経験したことを表すとき

I **have visited** the USA three times.　私はアメリカを３回訪れたことがあります。
He **has** never **driven** a car.　彼は（一度も）車を運転したことがありません。
Have you (ever) **read** this book?　あなたは（今までに）この本を読んだことがありますか。

▶ 現在の時点でしていることが完了したかどうかを表すとき

I **have** just **finished** my homework.　私はちょうど宿題を終えたところです。
She **has** already **gone** home.　彼女はもう家に帰りました。
They **haven't watched** the new drama yet.　彼らはまだその新しいドラマを見ていません。

▶ 過去から現在まである状態がずっと継続していることを表すとき

I **have lived** in this apartment for two years.　私はこのアパートに２年間住んでいます。

⚲ Exercises

1〜3 の日本語に合うように、意味順ボックスに適切な英語を入れましょう。まず日本語を意味順ボックスに入れてから、それぞれの日本語を英語にしてみましょう。

🎧 DL 094　◎ CD 2-06

1. 私は以前、革のバッグをいくつか買ったことがあります。

だれが	する（です）	だれ・なに	どこ	いつ
		some leather bags		

2. 彼は一度もモロッコでミントティーを飲んだことはありません。

だれが	する（です）	だれ・なに	どこ	いつ
			in Morocco.	

3. メグは 10 分間、お店で値段を交渉しています。

だれが	する（です）	だれ・なに	どこ	いつ

📍 Listening

A リクとナディアがモロッコでの経験について話しています。1〜3 の音声を聞いて、意味順ボックスの（　　）内に適切な英語を入れて英文を完成させましょう。

🎧 DL 095　💿 CD 2-07

1. Ⓐ The café by the hotel has delicious dried fruit.

Ⓑ たまてばこ	だれが	する（です）	だれ・なに	どこ	いつ
	（　　）	（　　）	（　　）	（　　）.	

2. Ⓐ Are you ready to buy the basket?

Ⓑ たまてばこ	だれが	する（です）	だれ・なに	どこ	いつ
（　　）,	（　　）	（　　）	（　　）		（　　）.

3. Ⓐ Have you ever heard of Moroccan slippers?

Ⓑ たまてばこ	だれが	する（です）	だれ・なに	どこ	いつ
（　　）,	（　　）	（　　）	（　　）		（　　）.

B リクとメグはナディアとお土産を選んでいます。1〜4 の空所に入る語を下の選択肢から選び、会話を聞いて答えを確認しましょう。また、5・6 の質問に答えましょう。

🎧 DL 096　💿 CD 2-08

Meg: This teapot is very beautiful. Is it a traditional 1.(   ) of Morocco?

Nadia: Yes, my family has used teapots like this to make mint tea before.

Riku: That's great. Are you going to buy it, Meg?

Meg: Yes, let's see. The price is written here. Oh, no! The teapot is too expensive at this shop. Let's go to another store.

Riku: I agree. I have seen the same kind of teapot at many other stores.

Nadia: You can 2.(   ) with the clerk at this shop and save some money.

Meg: Really? I'm becoming 3.(   ). I have never negotiated before.

Nadia: Don't worry. I'm sure the clerk will 4.(   ) it. No price is final until you shake hands.

negotiate	discount	product	nervous

5. メグはなぜ他の店に行きたがっていますか。

_____

6. メグは何をしたことがないですか。

_____

⚲ Reading

A モロッコのガイドブックに掲載されている 1〜3 の英文に合うイラストを a〜c から選びましょう。　　🎧 DL 097 　◎ CD 2-09

1. These come in many colors. Many people have made delicious food with them. They can be added to food to give it more flavor. 　　[　　]

2. These are a little big, but people still buy them for gifts. People have used these in their house on the floor or for decoration. 　　[　　]

3. These are sometimes bags or wallets. They are cheaper here than in a store in Japan. They have unique designs and can be used for a long time. 　　[　　]

  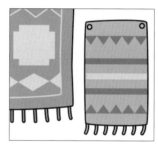

a. spices　　　　**b.** leather goods　　　　**c.** rugs

B モロッコのお土産の紹介文を読んで英語で質問に答えましょう。　🎧 DL 098 　◎ CD 2-10

■ Silver and Gold Jewelry

People have sold jewelry in Morocco for a long time. Many places sell jewelry such as necklaces, earrings, rings, anklets, and bracelets. The price has increased over time, but people still like to buy them. You can ignore the price tag because you can negotiate with the clerk.

■ Mint Tea in Morocco

Mint tea is a popular symbol of friendship in Morocco. People drink it with family, friends, or with customers. It has a dark yellow color, and it is a type of green tea. People have drunk this for hundreds of years there. Moroccan people like to drink this tea with meals or with sweets.

1. 時がたつにつれ、何が高くなってきましたか。

2. どのくらいの間、モロッコ人はミント茶を飲んでいますか。

📍 Writing

リクとメグが市場で買い物をしています。1〜3 の日本語に合うように、意味順ボックスに適切な英語を入れて英文を完成させましょう。まず日本語を意味順ボックスに入れてから、それぞれの日本語を英語にしてみましょう。（　　）内の語句はヒントです。

🎧 DL 099　　💿 CD 2-11

1.　あなたは以前、アルガンオイルを使ったことがありますか。（ Argan oil ）

たまてばこ	だれが	する（です）	だれ・なに	どこ	いつ

2.　いいえ、私は一度もそれを使ったことがありません。

たまてばこ	だれが	する（です）	だれ・なに	どこ	いつ

3.　私は長い間（ ずっと ）、それが欲しかったです。

たまてばこ	だれが	する（です）	だれ・なに	どこ	いつ

📍 Speaking

リクはメグと一緒にモロッコの土産店で買い物をしながら、これまでに買った物についてメグにたずねています。あなたもモロッコでこれまでに何かを買ったと想像して、何を買ったかペアの相手とたずね合ってみましょう。

🎧 DL 100　　💿 CD 2-12

例：

Riku: What have you bought so far?

Meg: I have bought a teapot.

Riku: Have you bought mint tea, too?

Meg: Yes, I have.

A: _____

B: _____

A: _____

B: _____

Spanish Dancing Lessons

リクとメグはジブラルタル海峡を通り、スペインに到着しました。地元のダンサーであるパブロと出会って、ダンスについていろいろ教わります。

Can Do
▶受動態を使うことができる
▶伝統舞踊に関する表現を使えるようになる

📍 Warm Up

日本語から連想する英語を空所に書きましょう。

ダンスの種類			
ballet			

📍 Key Vocabulary

A 1~4 のイラストに合う表現を a・b からそれぞれ選びましょう。 🎧 DL 101 ⊙ CD 2-13

1.

a. **cancel** the show
b. **begin** the show

[   ]

2.

a. **hold** hands
b. **clap** hands

[   ]

3.

a. **applaud** the performers
b. **recognize** the performers

[   ]

4.

a. **hide** my face
b. **show** my face

[   ]

B **A** の 1~4 のイラストを表す英文を聞いて、答えが合っているか確認しましょう。

🎧 DL 102 ⊙ CD 2-14

📍 Key Sentences

リクはメグとスペインの街中でダンスを見ています。1～4 の英文の音声を聞いて、あとについて言ってみましょう。　🎧 DL 103　◎ CD 2-15

1. Flamenco is performed on the street.
   路上でフラメンコが披露されています。

2. The costume is not made by hand.
   その衣装は手作りではありません。

3. Many pictures were taken during the performance.
   演技の間、たくさんの写真が撮られました。

4. Was the music played by those men?
   音楽はあの男性たちによって演奏されましたか。

📍 Let's Practice

A 1～4 の対話が成り立つように、日本語を参考にしながら空所に適切な英語を入れましょう。

1. **A:** These dresses (　　　) (　　　　　　　　) by local designers.

   これらのドレスは地元のデザイナーによってデザインされています。

   B: They are very beautiful.　すごくきれいですね。

2. **A:** That dance (　　　) not (　　　　　　　) in Spain.

   そのダンスはスペインで生まれたのではありません。

   B: I didn't know that.　私はそれを知りませんでした。

3. **A:** The dancers (　　　　) (　　　　　　　　) by the audience.

   ダンサーたちは観客に拍手されました。

   B: Yes, it was a fantastic show.　はい、それはすばらしいショーでした。

4. **A:** Who (　　　) that song (　　　　) by?　その曲はだれによって歌われますか。

   B: I'm sorry, I don't know.　すみません、知りません。

B 音声を聞いて答えを確認し、ペアになって話してみましょう。　🎧 DL 104　◎ CD 2-16

Grammar

受動態

▶「〜される」と表現したいときは受動態を使います。

能動態　I use this PC.　私はこのパソコンを使います。
受動態　This PC is used by me.　このパソコンは私によって使われます。

▶受動態は能動態から作ることができます。①主語は「〜によって」となるため、主格を目的格にかえ by をつけましょう。②受動態の動詞は〈be＋過去分詞〉で表します。③目的語は主語となるため、文頭に移動させます。

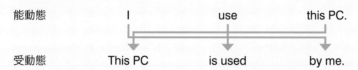

能動態　　　　　I　　　　　　use　　　　　this PC.

受動態　　This PC　　is used　　by me.

▶次の例のように、受動態は過去や未来などいろいろな文で使えます。

受動態（過去形）：The letter was written by her.
受動態（未来表現）：The classroom will be cleaned every day.*
受動態（助動詞）：This problem can be solved by elementary school students.
＊動作を行う人・物が重要でない場合や不明な場合は by 〜 は使いません。

Exercises

1〜3 の日本語に合うように、意味順ボックスに適切な英語を入れましょう。まず日本語を意味順ボックスに入れてから、それぞれの日本語を英語にしてみましょう。

🎧 DL 105　◎ CD 2-17

1. 今日のショーは中止されました。

だれが	する（です）	だれ・なに	どこ	いつ
Today's show				

2. 今日のレッスンはパブロによって教えられる予定です。

だれが	する（です）	だれ・なに	どこ	いつ
		by Pablo.		

3. このダンスは長年たくさんの人に愛されています。

だれが	する（です）	だれ・なに	どこ	いつ
				for a long time.

📍 Listening

A リクがパブロにフラメンコについてたずねています。1〜3 の音声を聞いて、意味順ボックスの（　　）内に適切な英語を入れて英文を完成させましょう。

🎧 DL 106　💿 CD 2-18

1. Ⓐ Is this a popular kind of dance?

Ⓑ だれが	する（です）	だれ・なに	どこ	いつ
Flamenco	(　　　　)	(　　　　)	(　　　　).	

2.

Ⓐ だれが	する（です）	だれ・なに	どこ	いつ
(　　　　)	(　　　　)			(　　　　).

Ⓑ I did not know that!

3.

Ⓐ だれが	する（です）	だれ・なに	どこ	いつ
(　　　　)	(　　　　)			(　　　　).

Ⓑ Great! I am excited to see it.

B リクとメグがパブロにフラメンコを教わっています。1〜4 の空所に入る語を下の選択肢から選び、会話を聞いて答えを確認しましょう。また、5・6 の質問に答えましょう。

🎧 DL 107　💿 CD 2-19

Riku: I am glad we 1.(　　　　　　　　　　) to take your lesson, Pablo.

Pablo: Let's begin. Today's music is played by Miguel. He will play the guitar.

Riku: Wow, we have live music!

Meg: What should we do when the music starts?

Pablo: When the music is 2.(　　　　　　　), clap your hands and move your feet.

Riku: That was hard! Dancing is more 3.(　　　　　　　) than I thought!

Meg: I had so much fun! I was moved by the music! I want to take another lesson.

Riku: Well, I need to take a 4.(　　　　　　　). Let's skip the next lesson and take one tomorrow.

played	decided	break	challenging

5. 今日の音楽は誰によって演奏されますか。

_____

6. 音楽が聞こえたら、リクとメグは何をしますか。

_____

Reading

A スペインの伝統舞踊で用いられる道具の説明文です。1〜3 の英文に合うイラストを
a〜c から選びましょう。　　　DL 108　CD 2-20

1. A face is hidden with this. It is made from paper and wood. Sometimes it is used to make people cool, but it can be used during a dance, too. 　　[　]

2. This item is usually made from wood, but sometimes it is made from something else. This item is held in the hand, is small and is used to make noise. 　　[　]

3. It is big, and two hands must be used to play it. It is made from wood and has six strings. It is played during a flamenco performance. 　　[　]

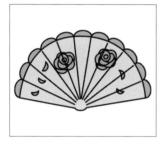
a. fan

b. castanets

c. guitar

B スペインの伝統舞踊の紹介文を読んで英語で質問に答えましょう。　DL 109　CD 2-21

■ Clothing for the Flamenco

Women and men wear different costumes when dancing the flamenco. Usually, the colors red and black are worn by women, but other colors are possible too. Women can choose from a long or short dress, or a blouse and skirt. For men, a shirt, vest, and tight pants are worn. The color is usually black.

■ The Pasodoble

This is another form of Spanish dancing. "Pasodoble" means "two steps" in Spanish, and it is a very fast dance. This dance was created by imagining bullfighting. In this dance, the man plays the role of a "matadore" or bullfighter, and the woman is his cape. The dancers hold each other during the dance.

1. フラメンコを踊る時、女性はたいてい、どんな色の衣装を着ますか。

_____

2. パソドブレは何をイメージして作られましたか。

_____

⚲ Writing

リクはスペインの伝統舞踊について説明を受けています。1〜3 の日本語に合うように、意味順ボックスに適切な英語を入れて英文を完成させましょう。まず日本語を意味順ボックスに入れてから、それぞれの日本語を英語にしてみましょう。（　　）内の語句はヒントです。

🎧 DL 110　◉ CD 2-22

1. 何種類ものダンスがスペインで愛されています。(several kinds of dances)

だれが	する（です）	だれ・なに	どこ	いつ

2. チョティスとファンダンゴは 2 人で踊ります。(chotis and fandango)

だれが	する（です）	だれ・なに	どこ	いつ

3. カスタネットはダンサーたちによってショーの間に使われます。

だれが	する（です）	だれ・なに	どこ	いつ

⚲ Speaking

メグとリクは好きなアーティストやダンサーについて伝え合っています。メグを参考に、あなたもペアの人に、好きなアーティストやダンサーについて伝えてみましょう。

🎧 DL 111　◉ CD 2-23

例：

Meg: My favorite artist is Michael Jackson. His dancing is loved by many people. His performances can be watched on the Internet.

_____

_____

Fashion Week in France

リクとメグがフランスに到着したとき、ファッション・ウィークの最中でした。2人は地元のエマと一緒にファッションショーに行くようです。

Can Do
▶最上級を使うことができる
▶ファッションに関する表現を使えるようになる

📍 Warm Up

日本語から連想する英語を空所に書きましょう。

身に着けるもの			
T-shirt			

📍 Key Vocabulary

A　1〜4 のイラストに合う表現を a・b からそれぞれ選びましょう。　🎧 DL 112　💿 CD 2-24

1.

a. **hang up** the jacket

b. **try on** the jacket

[　]

2.

a. **coordinate** clothes

b. **fold** clothes

[　]

3.

a. **sew** the dress

b. **design** the dress

[　]

4.

a. **join** a show

b. **plan** a show

[　]

B　A の 1〜4 のイラストを表す英文を聞いて、答えが合っているか確認しましょう。

🎧 DL 113　💿 CD 2-25

📍 Key Sentences

リクとメグはフランスの小さな商店街を歩いています。1〜4 の英文の音声を聞いて、あとについて言ってみましょう。　🎧 DL 114　◎ CD 2-26

1. **These shoes are the cutest in the store.**
   これらの靴がこの店で最も可愛いです。

2. **This tailor sews (the) best.**
   この仕立屋が最も上手に裁縫します。

3. **This is the most popular shop on this street.**
   ここはこの通りで最も人気のある店です。

4. **That model walks the slowest on the runway.**
   あのモデルがランウェイを最もゆっくりと歩きます。

📍 Let's Practice

A 1〜4 の対話が成り立つように、日本語を参考にしながら空所に適切な英語を入れましょう。

1. **A:** This shirt is too small for me.　このシャツは私には小さすぎます。

   B: Well, this is (　　　) (　　　　　　　　) size.　ええと、これが最も大きいサイズです。

2. **A:** I like this bag (　　　) (　　　　　).　私はこのバッグが最も好きです。

   B: I think so, too! It is very cute.　私もそう思います！　それはとてもかわいいです。

3. **A:** These are the (　　　　) (　　　　　　　　　　) watches in the store.

   これらは店で最も高価な腕時計です。

   B: Wow, they are beautiful. I like the gold one.

   わぁ、きれいですね。ゴールドのものが好きです。

4. **A:** Do you like this perfume?　あなたはこの香水が好きですか。

   B: Yes, this perfume smells (　　　) (　　　　　　　　　).

   はい、この香水が最も強く香ります。

B 音声を聞いて答えを確認し、ペアになって話してみましょう。　🎧 DL 115　◎ CD 2-27

 Grammar 最上級

「(…の中で) 最も~です」と表現したいときは最上級を使います。

①形容詞

▶ 形容詞の前に the、語尾に est をつけることで、最上級を作ることができます。

肯定文　　　I am <u>tall</u>.　私は背が高いです。

最上級の文　I am the tallest in this class.　私はこのクラスの中で最も背が高いです。

▶ 「最も背が高い学生」のように言いたいときは、名詞と組み合わせて使います。

You are the tallest <u>student</u> in this class.　あなたはこのクラスの中で最も背が高い<u>学生</u>です。

②副詞

▶ 「私は<u>速く</u>走ります」のように、動詞を修飾する語を副詞といいます。形容詞と同じく、副詞の前に the、語尾に est をつけることで、最上級を作ることができます。

最上級の文　　I run the fastest in my class.　私はクラスの中で最も速く走ります。

③つづりの長い語

▶ 形容詞・副詞が３音節以上などの場合は〈the most＋形容詞［副詞］〉になります。

This bag is the most expensive in this store.　このバッグはこのお店の中で最も高いです。

Exercises

1~3 の日本語に合うように、意味順ボックスに適切な英語を入れましょう。まず日本語を意味順ボックスに入れてから、それぞれの日本語を英語にしてみましょう。

🎧 DL 116　◎ CD 2-28

1.　この席がランウェイから最も近いです。

だれが	する（です）	だれ・なに	どこ	いつ
	is		to the runway.	

2.　あのスカートがこのショーの中で最も美しいです。

だれが	する（です）	だれ・なに	どこ	いつ
			in this show.	

3.　そのポスターは最も良い場所に飾られていました。

だれが	する（です）	だれ・なに	どこ	いつ
	was hung up			

Listening

A リクとメグがファッションショーについて話しています。1～3の音声を聞いて、意味順ボックスの（　）内に適切な英語を入れて英文を完成させましょう。

DL 117　CD 2-29

1. (A) Look at those clothes she is wearing!

(B)

だれが	する（です）	だれ・なに	どこ	いつ
That outfit	(　　　　　)	(　　　　　)	(　　　　　).	

2. (A) Who will model this long dress during the show?

(B)

だれが	する（です）	だれ・なに	どこ	いつ
(　　　　　)	will model	(　　　　　)		(　　　　　).

3. (A) Who is that designer?

(B)

だれが	する（です）	だれ・なに	どこ	いつ
(　　　　　)	(　　　　　)	(　　　　　)	(　　　　　).	

B リクたちはファッションショーに来ました。1～4の空所に入る語を下の選択肢から選び、会話を聞いて答えを確認しましょう。また、5・6の質問に答えましょう。

DL 118　CD 2-30

Meg: I am excited to see Fashion Week in Paris! It is a ¹·(　　　　　) come true.

Riku: Yes, but we need tickets to a show. I see a ²·(　　　　　) over there about tickets.

Emma: Each section has a different price. The ³·(　　　　　) seats to the stage are the most expensive seats.

Riku: How much are the cheapest seats?

Emma: The cheapest seats are 30 euros each. They are the furthest seats from the stage, but you can still see the ⁴·(　　　　　) well.

Meg: That is fine. We will take those tickets.

sign	nearest	dream	models

5. 最も値段の高い席はどこですか。

_____

6. 最も遠い席からモデルを見ることができますか。

_____

📍 Reading

A 服の種類についての説明です。1〜3 の英文に合うイラストを a〜c から選びましょう。

🎧 DL 119 ◎ CD 2-31

1. This one is the heaviest of the three. People usually wear this when they go out-side on windy days too. You usually don't fold this. [   ]

2. This one is the lightest of the three. It is comfortable in hot weather. Some people wear this at the gym when exercising. It can be worn under other clothing. [   ]

3. This can be made from a thin or thick material. It is worn over a T-shirt and does not have a zipper. It is not warm enough for the coldest weather. [   ]

 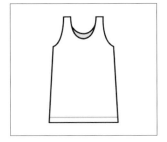 

a. sweatshirt   **b.** tank top   **c.** overcoat

B パリのファッション文化の紹介文を読んで英語で質問に答えましょう。

🎧 DL 120 ◎ CD 2-32

■ Fashion Week in Paris

This event is not held once a year, but usually two times. You can see new fashion for the spring and summer, and then again for the fall and winter. For designers to join the event, they must follow many difficult rules. It is the strictest fashion competition. In one week, over 100 events are planned.

■ What is "couture"?

The word "couture" means "sewing" or "making a dress" in French, but another meaning is clothing that is both made-by-hand and original. When somebody wears a couture dress, it means the dress is unique. Often, the most unusual fabric and designs are used to make the clothing.

1. ファッション・ウィークに参加するために、デザイナーは何をしなければなりませんか。

_____

2. クチュールの服を作る時、何が使われますか。

_____

📍 Writing

リクとメグはパリの有名なブランド店街を歩いています。1~3 の日本語に合うように、意味順ボックスに適切な英語を入れて英文を完成させましょう。まず日本語を意味順ボックスに入れてから、それぞれの日本語を英語にしてみましょう。（　　）内の語句はヒントです。

🎧 DL 121　◉ CD 2-33

1. フランスで最も歴史の長いブランドは何ですか。(what is)

たまてばこ	だれが	する（です）	だれ・なに	どこ	いつ

2. このアクセサリー店はこの街で最も古いです。

たまてばこ	だれが	する（です）	だれ・なに	どこ	いつ

3. この宝石はこの店の中で最も人気があります。(this jewelry)

たまてばこ	だれが	する（です）	だれ・なに	どこ	いつ

📍 Speaking

リクとメグはフランスのファッション雑貨店で買い物をしながら、話しています。あなたもフランスでTシャツを買おうとしていると想像して、ペアの人と話してみましょう。

🎧 DL 122　◉ CD 2-34

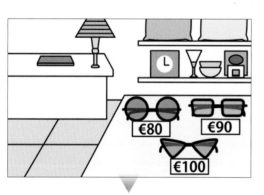 

例：

Riku: What do you like best?

Meg: I like the round one best. How about you?

Riku: I like the second most expensive one.

Meg: That's nice, too.

A: _____

B: _____

A: _____

B: _____

A Fjord in Montenegro

Unit 12

リクとメグはモンテネグロのコトルという峡湾に作られた小さな町にいます。地元のマルコと出会い、綺麗な街を散策しています。

Can Do
▶比較級を使うことができる
▶街並みに関する表現を使えるようになる

📍 Warm Up

日本語から連想する英語を空所に書きましょう。

建物			
house			

📍 Key Vocabulary

A 1〜4 のイラストに合う表現を a・b からそれぞれ選びましょう。 🎧 DL 123 💿 CD 2-35

1.

a. **pray** in the church

b. **play** in the church

[　]

2.

a. **sit** outside

b. **stand** outside

[　]

3.

a. **search** for a house

b. **wish** for a house

[　]

4.

a. **live** in the apartment

b. **build** the apartment

[　]

B **A** の 1〜4 のイラストを表す英文を聞いて、答えが合っているか確認しましょう。

🎧 DL 124 💿 CD 2-36

77

📍 Key Sentences

リクとメグはコトルを散策しています。1~4 の英文の音声を聞いて、あとについて言ってみましょう。　　　　　🎧 DL 125 ⊙ CD 2-37

1. This building is smaller than that one.
この建物はあの建物よりも小さいです。

2. Marco lives closer to the ocean than his older brother.
マルコはお兄さんよりも海の近くに住んでいます。

3. This gate is as old as that one.
この門はあの門と同じくらい古いです。

4. The view is more beautiful at night.
その景色は夜のほうが綺麗です。

📍 Let's Practice

A 1~4 の対話が成り立つように、日本語を参考にしながら空所に適切な英語を入れましょう。

1. **A:** Is this tower old?　この塔は古いですか。

B: Yes, but it is (　　　　) (　　　　) that one.　はい、でもあれよりも新しいです。

2. **A:** He has lived in Kotor (　　　　) (　　　　) she has.

彼は彼女よりも長くコトルに住んでいます。

B: He must love living here!　彼はここに住むのが大好きなのですね！

3. **A:** Is this beach (　　) popular (　　) that one?

このビーチはあのビーチと同じくらい人気がありますか。

B: Yes, people can see the fjord from here.

はい、ここからフィヨルドを見ることができます。　　**Note** fjord「フィヨルド、峡湾」

4. **A:** Shall we look for a different café?　別のカフェを探しましょうか。

B: Well, this café is (　　　　) (　　　　　　) than the other ones.

そうですね、このカフェは他のカフェよりも有名です。

B 音声を聞いて答えを確認し、ペアになって話してみましょう。　　🎧 DL 126 ⊙ CD 2-38

📍 Grammar 比較級

「…よりも～です」と表現したいときは比較級を使います。

▶〈形容詞［副詞］er〉

比較級は形容詞や副詞の語尾に er を付けて作ります。than は比較の対象を示すときに用います。

肯定文　　　I am young.　私は若いです。
比較級の文　I am **younger** <u>than</u> you.　私はあなたよりも<u>若い</u>です。

▶〈more＋形容詞［副詞］〉

形容詞や副詞が３音節以上などの場合は〈more＋形容詞［副詞］〉になります。

This movie is **more interesting** than that movie.　この映画はあの映画よりおもしろいです。

▶〈as＋形容詞［副詞］＋as〉

「…と同じくらい～」と表現したいときは同等比較を使います。as と as の間に形容詞または副詞の原級が入ります。

Apples are **as** <u>delicious</u> **as** bananas.　リンゴはバナナと<u>同じくらい美味しい</u>です。

▶比較級と最上級が不規則に変化する単語があるので覚えておきましょう。

原級	比較級	最上級	原級	比較級	最上級
good	better	best	well	better	best
bad	worse	worst	many	more	most

📍 Exercises

1～3 の日本語に合うように、意味順ボックスに適切な英語を入れましょう。まず日本語を意味順ボックスに入れてから、それぞれの日本語を英語にしてみましょう。

🎧 DL 127　💿 CD 2-39

1. その山はその丘よりも高いです。

たまてばこ	だれが	する（です）	だれ・なに	どこ	いつ
than	the hill.				

2. この城はあの城より良いです。

たまてばこ	だれが	する（です）	だれ・なに	どこ	いつ

📍 Listening

A リクとメグはコトルを散歩しています。1〜3 の音声を聞いて、意味順ボックスの
（　　）内に適切な英語を入れて英文を完成させましょう。　　　🎧 DL 128　💿 CD 2-40

1. Ⓐ How beautiful!

Ⓑ たまてばこ	だれが	する（です）	だれ・なに	どこ	いつ
	These houses	（　　　）	（　　　）		
（　　　）	the houses			（　　　）.	

2. Ⓐ Is this wall older than the other walls?

Ⓑ たまてばこ	だれが	する（です）	だれ・なに	どこ	いつ
No,	（　　　）	is	（　　　）		
as	（　　　）.				

B リクたちは山の頂上からコトルの街全体の風景を眺めています。1〜4 の空所に入る語
を下の選択肢から選び、会話を聞いて答えを確認しましょう。また、5・6 の質問に答
えましょう。　　　🎧 DL 129　💿 CD 2-41

Marco: We are standing at the top of the mountain. Now we can see the whole
1.(　　　　　　　　　　) and fjord from a higher place.

Meg: The buildings look 2.(　　　　　　　　　　) from here.

Riku: Look! The roofs are all orange. So 3.(　　　　　　　　　　)!

Marco: People can enter the sea from the entrance of the fjord by boat.

Riku: Oh look, it's a mountain goat! It says in the 4.(　　　　　　　　　　), "Don't play with
them."

Meg: The sheep in Iceland are friendlier than the mountain goats in Montenegro.

city	guidebook	beautiful	smaller

5. 峡湾の入り口からボートでどこに行けますか。

_____

6. アイスランドの羊とモンテネグロのマウンテンゴートとでは、どちらの方が優しいですか。

_____

📍 Reading

A コトルのガイドブックに掲載されている 1〜3 の英文に合うイラストを a〜c から選びましょう。　　　　　🎧 DL 130　◎ CD 2-42

1. This is the entrance to the city. It is closer to the ocean than other buildings. Walk through the arch to get to the city. The arch is larger than a door. 　　[　]

2. This building is usually larger than other buildings. It has two towers and is very old. People go inside this building to pray. 　　[　]

3. There are many buildings here. People like to sit outside and enjoy the nice weather. This area is wider than other places in town. 　　[　]

a. church

b. plaza

c. gate

B コトルの紹介文を読んで英語で質問に答えましょう。　　　　　🎧 DL 131　◎ CD 2-43

■ What is a "fjord"?

The word "fjord" comes from Norway! It means "a place to travel through." Actually, a fjord is a large area, usually with mountains on both sides, that has sea water in it. Fjords are larger than rivers, and very safe for ships to enter. They are safer ports than other places. Kotor is a small city that was built in a fjord.

■ The Dobrota Legend

There is a story about how Kotor started. Two people were tired, and they stopped to rest in the fjord. They sat on the ground and found a small box. Inside the box, there was a note. The note said, "Make a wish before you sleep." They wished for a strong, stone house. The next day, there was a stone house! Each night they wished for more houses. People came to work in the town they made. Do you believe the story?

1. 峡湾は何より大きいですか。

_____

2. 2人は何をお願いしましたか。

_____

Writing

リクとメグはコトルを散策しています。1〜3の日本語に合うように、意味順ボックスに適切な英語を入れて英文を完成させましょう。まず日本語を意味順ボックスに入れてから、それぞれの日本語を英語にしてみましょう。（　　）内の語句はヒントです。

1. この広場はもう一つのものよりも大きいです。(this plaza)　🎧 DL 132　◎ CD 2-44

たまてばこ	だれが	する（です）	だれ・なに	どこ	いつ

2. ボートツアーはハイキングツアーと同じくらいおもしろそうです。(the boat tour / looks)

たまてばこ	だれが	する（です）	だれ・なに	どこ	いつ

Speaking

マルコはリクと一緒にコトルの風景を見ながら、リクの地元とコトルとの違いについてたずねています。2人の会話を参考に、あなたもペアの相手に、あなたの地元とコトルとの違いについてたずねてみましょう。　🎧 DL 133　◎ CD 2-45

例：

Marco: Does your hometown have more buildings?

Riku: Yes, it does.

Marco: Is there more nature in Kotor than in your hometown?

Riku: Yes, there is.

A: _____

B: _____

A: _____

B: _____

Swiss Sweets

リクとメグはチョコレートが有名な国スイスにやって来ました。地元のサラと出会い、カフェやレストランなどでいろいろなスイーツを楽しむようです。

Can Do
▶〈一般動詞＋不定詞／動名詞〉を使うことができる
▶スイーツに関する表現を使えるようになる

📍 Warm Up

日本語から連想する英語を空所に書きましょう。

スイーツの名前			
chocolate			

📍 Key Vocabulary

Ａ 1～4 のイラストに合う表現を a・b からそれぞれ選びましょう。 🎧 DL 134 ◎ CD 2-46

1.

a. **spread** chocolate

b. **pour** chocolate

[　　]

2.

a. **select** some candy

b. **refuse** some candy

[　　]

3.

a. **prepare** a box of chocolates

b. **receive** a box of chocolates

[　　]

4.

a. **save** a piece of cake

b. **share** a piece of cake

[　　]

Ｂ Ａ の 1～4 のイラストを表す英文を聞いて、答えが合っているか確認しましょう。

🎧 DL 135 ◎ CD 2-47

📍 Key Sentences

リクとメグはスイーツショップを見て回っています。1～4 の英文の音声を聞いて、あとについて言ってみましょう。　🎧 DL 136　💿 CD 2-48

1. I want to buy some chocolates for my friends.

私は友達にチョコレートを買いたいです。

2. I hope to share this cake with you.

私はあなたとこのケーキを分け合うことを望んでいます。

3. I enjoy receiving sweets on my birthday.

私は誕生日にお菓子をもらうのが楽しみです。

4. They will finish preparing the box of chocolates soon.

彼らはもうすぐ、チョコレートの箱を準備し終わります。

📍 Let's Practice

A 1～4 の対話が成り立つように、日本語を参考にしながら空所に適切な英語を入れましょう。

1. **A:** I like (　　　) (　　　　　　　　) jam on my toast.

私はトーストにジャムを塗るのが好きです。

B: Me too! It makes it sweet.　私もです！　甘くなりますから。

2. **A:** I promise (　　　) (　　　　　) you the last donut.

私はあなたに最後のドーナツをあげると約束しますよ。

B: Thank you! You are a good friend.　ありがとう！　あなたは良い友人です。

3. **A:** Why can't I sleep?　私はなぜ寝ることができないのでしょうか。

B: You should (　　　　　) (　　　　　　　　　　) coffee after 8 p.m.

あなたは午後 8 時以降、コーヒーを飲むのをやめるべきです。

4. **A:** I don't know how to make a pie.　私はパイの作り方を知りません。

B: OK. Let's (　　　　　　　) (　　　　　　　) it together now.

分かりました。今、一緒にそれを作る練習をしましょう。

B 音声を聞いて答えを確認し、ペアになって話してみましょう。　🎧 DL 137　💿 CD 2-49

Grammar

▶ 不定詞は〈to＋動詞の原形〉の形をとり、「～すること」など、動詞の意味が変化します。

I want **to eat** carrot cake.　私はキャロットケーキを食べることを望みます（食べたいです）。
「キャロットケーキを食べる」という動作を to 不定詞でひとかたまりとして、「キャロットケーキを食べること」という名詞として扱います。

▶ 動名詞は動詞の ing 形で、名詞として使用することができます。

I will stop **eating** carrot cake.　私はキャロットケーキを食べることをやめます。
「キャロットケーキを食べる」という動作を ing 形にしてひとかたまりとして、「キャロットケーキを食べること」という名詞として扱います。

以下の動詞の後は不定詞〈to＋動詞の原形〉のみを使うので、覚えておきましょう。
- want: I want to leave the office by 4 p.m. today.
- plan: She plans to buy a new car next year.
- decide: We decided to go out for dinner.
- prefer: He preferred to stand in the train.
- promise: We promised not to be late.

以下の動詞の後は動名詞（動詞の ing 形）のみを使うので、覚えておきましょう。
- enjoy: I enjoy learning English.
- finish: I have finished taking the exam.
- avoid: I avoid eating junk food before bed.
- suggest: I suggest not watching the scary movie.

Exercises

1～3 の日本語に合うように、意味順ボックスに適切な英語を入れましょう。まず日本語を意味順ボックスに入れてから、それぞれの日本語を英語にしてみましょう。

🎧 DL 138　◎ CD 2-50

1. 彼女はアップルパイを焼きたいです。

だれが	する（です）	だれ・なに	どこ	いつ
She				

2. 私の妹は夕飯の前にデザートを食べないことを約束しました。

だれが	する（です）	だれ・なに	どこ	いつ
My sister				

3. あなたは塩を足すことを提案しました。

だれが	する（です）	だれ・なに	どこ	いつ
You				

📍 Listening

A リクとメグはカフェで注文しています。1〜3 の音声を聞いて、意味順ボックスの（　　）内に適切な英語を入れて英文を完成させましょう。　🎧 DL 139　💿 CD 2-51

1.

A	だれが	する（です）	だれ・なに	どこ	いつ
	(　　　　)	(　　　　)	(　　　　)	(　　　　).	

B 💬 Wow! It looks really good.

2. **A** 💬 Do you want coffee or tea with your dessert?

B	だれが	する（です）	だれ・なに	どこ	いつ
	(　　　　)	(　　　　)	(　　　　)		(　　　　).

3. **A** 💬 Is this bill correct? We didn't order three pieces of cake.

B	だれが	する（です）	だれ・なに	どこ	いつ
	(　　　　)	(　　　　)	(　　　　)		before we leave.

B メグたちはチョコレート店に行って、日本に買って帰るためのお土産を選んでいます。1〜4 の空所に入る語を下の選択肢から選び、会話を聞いて答えを確認しましょう。また、5・6 の質問に答えましょう。　🎧 DL 140　💿 CD 2-52

Meg: All the chocolates look so delicious! I want to select some as a gift for my friends in Japan, but I need help. Do you have a 1.(　　　　　　　　　　)?

Sara: You know, they start to make the chocolates 2.(　　　　　　　　　　) each morning. What chocolate do your friends like to eat?

Meg: They enjoy eating milk chocolate with fruit filling inside.

Sara: I think they will like this one. Do you want to 3.(　　　　　　　　　　) it?

Riku: I never 4.(　　　　　　　　) a chance to try chocolate. These look great!

Sara: Let's try the milk chocolate one with strawberry filling then.

early	refuse	recommendation	taste

5. メグの友達はどんなチョコレートを食べるのが好きですか。

_____

6. リクは何を断りませんか。

_____

📍 **Reading**

A リクとメグがレストランでメニューにあるデザートの説明を読んでいます。1~3 の英文に合うイラストを a~c から選びましょう。　　　🎧 DL 141　💿 CD 2-53

1. The bottom of this dessert is a tart, and the top is a layer of red fruit in a heavy sauce. People like to order coffee with it because it is very sweet. 　　[　　]

2. This dessert can be eaten warm or cold. The outside is a layer of pastry, and the inside is fruit. Some people enjoy pouring vanilla sauce on top. 　　[　　]

3. This comes in many flavors and is a cold dessert. People eat it from a cone or a cup. People want to eat it in the summer because it is refreshing. 　　[　　]

a. raspberry cake

b. gelato

c. apple strudel

B スイスのスイーツの紹介文を読んで英語で質問に答えましょう。

🎧 DL 142　💿 CD 2-54

■ "Spitzbuben" Biscuits

This is a popular cookie in Switzerland, although it is originally from Germany. People prefer to make this cookie during Christmas time. The shape of the cookie is round, but the inside is usually a special shape. The center of the cookie can be a circle, a star, or a heart! Chefs pour raspberry jam into the center to finish the cookie.

■ Ouch, my throat!

Do you often have a sore throat? Switzerland is famous for special herb candy. The candy is often made with lemon or honey. People try to eat this candy when they feel sick or have sore throats. Maybe you can use some after karaoke!

1. 人々はシュピッツブーベンをいつ作るのを好みますか。

_____

2. 人々はいつハーブキャンディを食べますか。

_____

Writing

今日はメグの誕生日なので、リクがケーキを買っています。1〜3の日本語に合うように、意味順ボックスに適切な英語を入れて英文を完成させましょう。まず日本語を意味順ボックスに入れてから、それぞれの日本語を英語にしてみましょう。（　）内の語句はヒントです。

DL 143　CD 2-55

1. 私はここで最もおいしいケーキを買いたいです。（ in here ）

だれが	する（です）	だれ・なに	どこ	いつ

2. 私は彼女を驚かせる予定です。（ plan ）

だれが	する（です）	だれ・なに	どこ	いつ

3. 彼女は今日、このバースデーケーキを食べることを楽しむでしょう。

だれが	する（です）	だれ・なに	どこ	いつ

Speaking

リクとメグはスイスのカフェでメニューを見ながら、食べたいスイーツについて話しています。2人の会話を参考に、食べたいスイーツについてペアの相手と話してみましょう。

DL 144　CD 2-56

例：

Meg: I want to try the biscuits.

Riku: Sounds good. Do you want to order tea, too?

Meg: Yes. What do you want to have?

Riku: I want to have gelato and coffee.

A: _____

B: _____

A: _____

B: _____

Fine Art in Italy

リクとメグはスイスから列車に乗ってイタリアに到着しました。地元のニコに案内され、街そのものが美術館と言われるローマでさまざまなアートを見て回ります。

Can Do
▶接続詞を使うことができる
▶絵画（アート）に関する表現を使えるようになる

🔍 Warm Up

日本語から連想する英語を空所に書きましょう。

絵画（アート）に関する単語			
painting			

🔍 Key Vocabulary

A 1〜4 のイラストに合う表現を a・b からそれぞれ選びましょう。 🎧 DL 145 💿 CD 2-57

1.

a. **offer** a donation

b. **reject** a donation

[　　]

2.

a. **create** works of art

b. **collect** works of art

[　　]

3.

a. **hire** a tour guide

b. **ignore** a tour guide

[　　]

4.

a. **exclude** sculptures

b. **contain** sculptures

[　　]

B **A** の 1〜4 のイラストを表す英文を聞いて、答えが合っているか確認しましょう。
🎧 DL 146 💿 CD 2-58

📍 Key Sentences

リクとメグは美術館にいます。1〜4 の英文の音声を聞いて、あとについて言ってみましょう。

🎧 DL 147　◎ CD 2-59

1. Before we enter, we must buy a ticket.

　私たちは入場する前に、チケットを買わなければいけません。

2. After this tour finishes, they will close the exhibit.

　このツアーが終わった後に、彼らは展示を終了します。

3. It is cloudy still, but the weather has improved since this morning.

　まだ曇りですが、今朝から天気は良くなってきています。

4. We hired a tour guide, so we can ask many questions.

　ツアーガイドを雇ったので、いろいろと質問できます。

📍 Let's Practice

A 1〜4 の対話が成り立つように、日本語を参考にしながら空所に適切な英語を入れましょう。

1. A: (　　　　　　　) we leave, shall we visit the gift shop?

　　出る前に、ギフトショップに行きましょうか。

B: What a great idea!　良いアイディアですね！

2. A: What will we do next?　私たちは次に何をしますか。

B: (　　　　　　) we see the exhibit, we will take a break at the café.

　　新しい展示を見た後に、カフェで休憩します。

3. A: Is there an admission fee for the museum?　その美術館の入場料はありますか。

B: They removed the admission fee, (　　　) you can offer a donation.

　　彼らは入場料を無くしましたが、あなたは寄付をすることができます。

4. A: Does this museum have modern art?　この美術館には現代アートはありますか。

B: This museum only shows classical paintings, (　　) it excludes modern art.

　　この美術館は古典絵画のみを展示しているので、現代アートは除外されています。

B 音声を聞いて答えを確認し、ペアになって話してみましょう。　🎧 DL 148　◎ CD 2-60

♀ Grammar   接続詞（when, before, after, because）

▶ 接続詞を使えば、文と文をつなぐことができます。

I am busy.（私は忙しい。）＋ You help me.（あなたは私を手伝ってくれます。）
＝When I am busy, you help me.   私が忙しいとき、あなたは私を手伝ってくれます。

▶ when や after などの接続詞に続く部分は、文の前半にも後半にも置くことができます。

After my father pays the money, we leave the restaurant. *
＝We leave the restaurant after my father pays the money.
父がお金を支払った後に、私たちはお店を出ます。
＊接続詞に続く部分が文の前半に来るときは必ずコンマ「,」で区切りましょう。

接続詞リスト

and「そして」、but「しかし」、so「だから」、before「〜する前に」、because「〜なので」、while
「〜している間」、although「〜にもかかわらず」
＊and、but、so などの接続詞に続く部分は文の後半に置きます。

♀ Exercises

1〜3 の日本語に合うように、意味順ボックスに適切な英語を入れましょう。まず日本語を
意味順ボックスに入れてから、それぞれの日本語を英語にしてみましょう。

🎧 DL 149 ◎ CD 2-61

1. 彼女は時間があったため、昨日大学で絵画のワークショップに参加しました。

たまてばこ	だれが	する（です）	だれ・なに	どこ	いつ
Because	she		time,		
		attended		at the university	

2. 彼女が絵を書く練習をした後、彼女は自分の道具を掃除しました。

たまてばこ	だれが	する（です）	だれ・なに	どこ	いつ
			drawing,		
			her tools.		

📍 Listening

A リクとメグはストリートアートを鑑賞しています。1～3 の音声を聞いて、意味順ボックスの（　）内に適切な英語を入れて英文を完成させましょう。

🎧 DL 150　💿 CD 2-62

1. **A** What is that painting on the wall?

B たまてばこ	だれが	する（です）	だれ・なに	どこ	いつ
	Italian artists	（　　）	（　　）	on buildings,	
（　　）	（　　）	（　　）	（　　）	everywhere.	

2. **A** Why is there so much street art?

B たまてばこ	だれが	する（です）	だれ・なに	どこ	いつ
	Street art	（　　）	popular		
（　　）	the government	（　　）	（　　）.		

B リクたちは美術館に来ました。1～4 の空所に入る語を下の選択肢から選び、会話を聞いて答えを確認しましょう。また、5・6 の質問に答えましょう。

🎧 DL 151　💿 CD 2-63

Nico: I am glad you had time to visit this museum! It is not only famous for paintings, but there is beautiful [1.]( ) too.

Riku: Are there any masterpieces here? I have heard that Italy has many famous artists.

Nico: Also, this museum has many excellent sculptures. After we finish here, let's go to the classical art [2.]( ).

Riku: Oh wow, what is that beautiful sculpture?

Meg: The guide book says it is the "Venus." Let's ask somebody for more [3.]( ).

Nico: Many artists used Venus as a [4.]( ) because she is the ancient Goddess of Beauty.

architecture	model	gallery	information

5. この美術館は絵画の他に、何で有名ですか。

_____

6. なぜ多くのアーティストはヴィーナスをモデルにしましたか。

_____

Reading

A 美術館のガイドブックに掲載されている 1〜3 の英文に合うイラストを a〜c から選びましょう。　　　　　　　　　　　　　　　　　　　　　　　　🎧 DL 152　💿 CD 2-64

1. Famous people sat for a long time while artists drew them. Before people took pictures, this type of art was much more popular.　　　　　　　[　　]

2. These are old items from long ago. They are usually tools and tell us about how people lived in the past. Sometimes they are damaged.　　　　[　　]

3. These are usually made of stone, but they can be made from wood too. Often these are made to look like famous people.　　　　　　　　　[　　]

a. painting　　　　　　　**b.** artifact　　　　　　　**c.** sculptures

B イタリアのアーティストの紹介文を読んで英語で質問に答えましょう。

🎧 DL 153　💿 CD 2-65

■ Michelangelo

Have you heard of Michelangelo? He is a famous Italian artist who lived about 500 years ago. He made many famous sculptures, paintings, and other works of art, and two of his most famous works are in the Sistine Chapel in the Vatican. A room there contains many scenes from the Bible on its ceiling.

■ Leonardo da Vinci

This famous artist and inventor lived around the same time as Michelangelo. He grew up and was trained in Italy, but he died in France. While the "Mona Lisa" is one of his most famous works, he had many others such as "The Last Supper." Also, he invented many things such as models for early flying machines and architecture.

1. ミケランジェロの有名な作品の 2 つはどこにありますか。

_____

2. アート以外で、レオナルド・ダ・ヴィンチは何をしましたか。

_____

📍 Writing

ニコがリクと美術館について話しています。1〜3 の日本語に合うように、意味順ボックスに適切な英語を入れて英文を完成させましょう。まず日本語を意味順ボックスに入れてから、それぞれの日本語を英語にしてみましょう。（　　）内の語句はヒントです。

1. 私は週末忙しくないときに、美術館を訪れます。(to an art museum)　🎧 DL 154　◎ CD 2-66

たまてばこ	だれが	する（です）	だれ・なに	どこ	いつ

2. 絵画を見ている間、私はアートの歴史を学ぶことができます。(paintings / about art history)

たまてばこ	だれが	する（です）	だれ・なに	どこ	いつ

📍 Speaking

リクは、これから訪れるイタリアの美術館での見学の流れについて、メグに伝えています。リクを参考に、あなたも美術館を訪れると想像して、見学の流れをペアの相手に伝えましょう。　🎧 DL 155　◎ CD 2-67

例：

Riku: When we enter the gallery, we will see sculptures. Before we leave the museum, we will see some da Vinci paintings, too.

_____

_____

_____

_____

Back Home to Japan

旅が終わって、リクが日本に帰国するときに、メグも親戚や友人に会うために日本にやって来ました。リクとメグは友人のサチに旅の思い出を話しています。

Can Do
▶関係代名詞を使うことができる
▶思い出を伝える表現を使えるようになる

📍 Warm Up

日本語から連想する英語を空所に書きましょう。

思い出を残すもの			
journal			

📍 Key Vocabulary

A 1〜4 のイラストに合う表現を a・b からそれぞれ選びましょう。 🎧 DL 156 💿 CD 2-68

1.

a. **depart** home
b. **return** home

[　]

2.

a. **relax** in my room
b. **exercise** in my room

[　]

3.

a. **forget** the event
b. **remember** the event

[　]

4.

a. **organize** a trip
b. **go on** a trip

[　]

B **A** の 1〜4 のイラストを表す英文を聞いて、答えが合っているか確認しましょう。
🎧 DL 157 💿 CD 2-69

95

Key Sentences

リクがサチに旅行の話をしています。1〜4 の英文の音声を聞いて、あとについて言ってみましょう。

DL 158 CD 2-70

1. This is a picture that Meg took in Germany last month.

   これはメグが先月、ドイツで撮った写真です。

2. This is a cable car which goes to the top of the mountain.

   これは山の頂上まで行くケーブルカーです。

3. I saw the Colosseum which remains from the 1st century.

   私は1世紀から残るコロッセウムを見ました。

4. I talked to a man who sold spices in Morocco.

   私はモロッコで香辛料を売っている男性と話しました。

Let's Practice

A 1〜4 の対話が成り立つように、日本語を参考にしながら空所に適切な英語を入れましょう。

1. **A:** This is the Colosseum (　　　　) we visited in Rome.

   これは私たちがローマで訪れたコロッセウムです。

   B: Wow, that's great!　わぁ、すごいですね！

2. **A:** This is the chocolate (　　　　　) is famous in Switzerland.

   これはスイスで有名なチョコレートです。

   B: It looks delicious!　おいしそうです！

3. **A:** In France I saw a store (　　　　　) sold a unique dress.

   フランスで私は独特なドレスを売っていた店を見ました。

   B: Really? What kind of dress was it?　本当ですか。どんなドレスでしたか。

4. **A:** I talked with a woman (　　　) makes beautiful rugs.

   私は美しい絨毯を作る女性と話しました。

   B: That's cool.　それはいいですね。

B 音声を聞いて答えを確認し、ペアになって話してみましょう。　　DL 159 CD 2-71

📍 Grammar

関係代名詞

▶関係代名詞を使うと、人や物・事についての説明を付け加えることができます。

以下のように①の文と②の文に the girl という語句が共通しているので、②の the girl を who にかえ、①の文と②の文をつなげることで③の関係代名詞の文を作ることができます。

①I met the girl.　私はその女の子に出会いました。
②The girl speaks three languages.　その女の子は3言語を話します。
③I met the girl who speaks three languages.　私は3言語を話す女の子に出会いました。

▶人の場合は who を使いますが、物や事の場合は which や that を使います。
We visited many countries which [that] have tasty food.
私たちはおいしい食べ物がある国をたくさん訪れました。
This is a picture which [that] I took in London.　これは私がロンドンで撮った写真です。

📍 Exercises

1〜3 の日本語に合うように、意味順ボックスに適切な英語を入れましょう。まず日本語を意味順ボックスに入れてから、それぞれの日本語を英語にしてみましょう。

🎧 DL 160　◎ CD 2-72

1. その女性は彼女が多くの国で撮った写真を見せました。

たまてばこ	だれが	する（です）	だれ・なに	どこ	いつ
	she			in many countries.	

2. その男性は彼が旅行中に食べた料理を作りたいと思っています。

たまてばこ	だれが	する（です）	だれ・なに	どこ	いつ
	The man				during his travels.

3. パブロは私たちにスペインの踊りを教えてくれた男性です。

たまてばこ	だれが	する（です）	だれ・なに	どこ	いつ
			us Spanish dancing.		

📍 Listening

A メグは日本で再会した親戚にお土産を配りながらその説明をしています。1〜3 の音声を聞いて、意味順ボックスの（　）内に適切な英語を入れて英文を完成させましょう。

🎧 DL 161　💿 CD 2-73

1.

A たまてばこ	だれが	する（です）	だれ・なに	どこ	いつ
	This	is	（　　　）		
（　　　）	I	（　　　）		（　　　）.	

B It looks really warm.

2.

A たまてばこ	だれが	する（です）	だれ・なに	どこ	いつ
	（　　　）	is	（　　　）		
（　　　）	（　　　）		raspberry filling	（　　　）.	

B I can't wait to try some!

B リクとメグは久しぶりに会った友人のサチと話しています。1〜4 の空所に入る語を下の選択肢から選び、会話を聞いて答えを確認しましょう。また、5・6 の質問に答えましょう。

🎧 DL 162　💿 CD 2-74

Sachi: Riku and Meg! It is good to see you again. Did you enjoy your trip?

Riku: Yes, it was a lot of fun. I am glad we organized the trip.

Meg: We visited many places! We want to give you a 1.(　　　　　)!

Sachi: You didn't have to buy me anything! Thanks! What is it?

Meg: It is a keychain that looks like a 2.(　　　　　). We bought it in Austria.

Riku: Traveling is fun, but it is nice to return 3.(　　　　　) too. Yesterday I relaxed in my room.

Sachi: When you have some 4.(　　　　　) time, you must show me your pictures from Europe! Please invite me when you go on your next trip.

violin	free	home	souvenir

5. リクとメグはサチにどんなお土産を買いましたか。

6. リクは旅行することについて、どう思っていますか。

📍 Reading

A メグは SNS に旅の思い出を投稿しています。1〜3 の英文に合うイラストを a〜c から選びましょう。　　🎧 DL 163　◎ CD 2-75

1. This is a hole in the ground that sends water into the sky. Don't stand too close!

[　　]

2. This is a picture of a person who can dance very well. I hope I can take lessons in Japan. When I was in Spain, I took this picture.

[　　]

3. This was the most delicious food that I ate during my trip. This is a food with a special sauce that has ketchup and curry powder in it.

[　　]

a. geyser　　　　　　　**b.** currywurst　　　　　**c.** flamenco teacher

B 文章を読んで英語で質問に答えましょう。　　🎧 DL 164　◎ CD 2-76

◾ What do you eat when you come home?

What is the first food that you want to eat when you come back to Japan? Many Japanese people say they miss miso soup when they are outside of Japan for too long. Usually, people want to eat food that they can only eat in Japan. Some people say that Japan has the most delicious rice in the world, and they want to eat rice.

◾ Reverse culture shock

After a long trip, it is easy to compare good points and bad points between countries. For example, some people say, "Americans are friendlier than Japanese people" or "Japan is better because people are on time." Remember that cultures are different, not better or worse. This is an important life lesson that people who travel can learn.

1. 長旅からの帰国後、多くの日本人はどんな食べ物を食べたがりますか。

_____

2. 逆カルチャーショックに対して、何を覚えておくのが大事ですか。

_____

📍 Writing

メグが旅行中の出来事を話しています。1～3 の日本語に合うように、意味順ボックスに適切な英語を入れて英文を完成させましょう。まず日本語を意味順ボックスに入れてから、それぞれの日本語を英語にしてみましょう。（　　）内の語句はヒントです。

🎧 DL 165 　◎ CD 2-77

1. 私たちは毎日パブでアイリッシュダンスを踊っている何人かのアイルランド人たちに会いました。(performed / at the pub)

たまてばこ	だれが	する（です）	だれ・なに	どこ	いつ

2. 私は私たちが企画した旅行を楽しみました。(enjoyed / the trip)

たまてばこ	だれが	する（です）	だれ・なに	どこ	いつ

📍 Speaking

サチがメグに旅の思い出をたずねています。2 人の会話を参考に、今学期の思い出について、ペアの相手にたずねましょう。

🎧 DL 166 　◎ CD 2-78

例：

Sachi: Who is somebody new that you met in Spain?

Meg: I met a man whose name is Pablo.

Sachi: What is a souvenir that you bought in Spain?

Meg: I bought a fan that is very beautiful.

A: _____

B: _____

A: _____

B: _____

ご採用の先生方へ

本テキストには教授用資料に付録問題があり、一部の問題が次に説明する CheckLink に対応しています（このテキスト自体には CheckLink 対応の問題はありませんのでご注意ください）。

CheckLink を使用しなくても問題は解けますが、授業活性化に役立つツールです。次ページをご参考いただき、ぜひご活用ください。

なお、付録の内容などの詳しい説明は、教授用資料にありますので、そちらもご参考いただけますと幸いです。

本書は**CheckLink**対応テキストです
チェックリンク

⟳CheckLink のアイコンが表示されている設問は、CheckLinkに対応しています。
CheckLinkを使用しなくても従来通りの授業ができますが、特色をご理解いただき、
授業活性化のためにぜひご活用ください。

CheckLinkの特色について

大掛かりで複雑な従来のe-learningシステムとは異なり、CheckLinkのシステムの大き
な特色として次の３点が挙げられます。

❶ これまで行われてきた教科書を使った授業展開に大幅な変化を加えることなく、
　専門的な知識なしにデジタル学習環境を導入することができる。

❷ PC教室やCALL教室といった最新の機器が導入された教室に限定されることなく、
　普通教室を使用した授業でもデジタル学習環境を導入することができる。

❸ 授業中での使用に特化し、教師・学習者双方のモチベーション・集中力をアップさせ、
　授業自体を活性化することができる。

教科書を使用した授業に「デジタル学習環境」を導入できる

本システムでは、学習者は教科書の⟳CheckLink のアイコンが表示されている設問にPCやスマートフォ
ン、アプリからインターネットを通して解答します。そして教師は、授業中にリアルタイムで解答
結果を把握し、正解率などに応じて有効な解説を行うことができるようになっています。教科書自
体は従来と何ら変わりはありません。解答の手段として CheckLinkを使用しない場合でも、従来
通りの教科書として使用して授業を行うことも、もちろん可能です。

教室環境を選ばない

従来の多機能な e-learning教材のように学習者側の画面に多くの機能を持たせることはせず、「解
答する」ことに機能を特化しました。PCだけでなく、一部タブレット端末やスマートフォン、アプ
リからの解答も可能です。したがって、PC教室やCALL教室といった大掛かりな教室は必要としま
せん。普通教室でもCheckLinkを用いた授業が可能です。教師はPCだけでなく、一部タブレット
端末やスマートフォンからも解答結果の確認をすることができます。

授業を活性化するための支援システム

本システムは予習や復習のツールとしてではなく、授業中に活用されることで真価を発揮する仕組
みになっています。 CheckLinkというデジタル学習環境を通じ、教師と学習者双方が授業中に解
答状況などの様々な情報を共有することで、学習者はやる気を持って解答し、教師は解答状況に応
じて効果的な解説を行う、という好循環を生み出します。 CheckLinkは、普段の授業をより活力
のあるものへと変えていきます。

上記３つの大きな特色以外にも、掲示板などの授業中に活用できる機能を用意しています。
従来通りの教科書としても使用はできますが、ぜひ CheckLink の機能をご理解いただき、
普段の授業をより活性化されたものにしていくためにご活用ください。

● CheckLinkの使い方

CheckLinkは、PCや一部のタブレット端末、スマートフォン、アプリを用いて、この教科書にある のアイコン表示のある設問に解答するシステムです。

- 初めてCheckLinkを使う場合、以下の要領で「**学習者登録**」と「**教科書登録**」を行います。
- 一度登録を済ませれば、あとは毎回「**ログイン画面**」から入るだけです。CheckLinkを使う教科書が増えたときだけ、改めて「**教科書登録**」を行ってください。

登録はCheckLink
学習者用アプリが
便利です。

ダウンロードは
こちらから▶

▶CheckLink URL
**https://checklink.kinsei-do.
co.jp/student/**

学習者登録（PC ／タブレット／スマートフォンの場合）

① 上記URLにアクセスすると、右のページが表示されます。**❶学校名**を入力し、**❷「ログイン画面へ」**を選択してください。
PCの場合は**❸「PC用はこちら」**を選択して、PC用ページを表示します。同様に**❹学校名**を入力し、**❺「ログイン画面へ」**を選択してください。

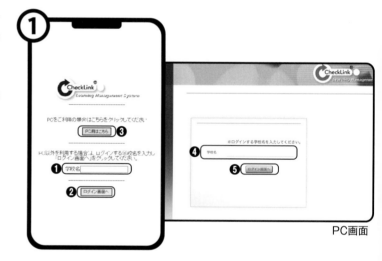

PC画面

② ログイン画面が表示されたら**❶「初めての方はこちら」**を選択し、「学習者登録」画面に入ります。

③ 自分の**❶学籍番号、氏名、メールアドレス**（学校のメールなどPCメールを推奨）を入力し、次に**❷任意のパスワード**を8桁以上20桁未満（半角英数字）で入力します。なお、学籍番号はパスワードとして使用することはできません。
「パスワード確認」は、**❷**で入力したパスワードと同じものを入力します。
最後に**❸「登録」**ボタンを選択して、登録は完了です。次回からは、「**ログイン画面**」から学籍番号とパスワードを入力してログインしてください。

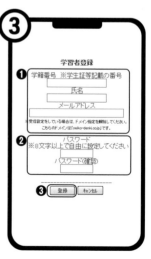

教科書登録

① ログイン後、メニュー画面から「**教科書登録**」を選び（PCの場合はその後「**新規登録**」ボタンを選択）、「**教科書登録**」画面を開きます。

② 教科書と受講する授業を登録します。
教科書の最終ページにある、**教科書固有番号**のシールをはがし、**❶印字された16桁の数字とアルファベットを入力**します。

③ 授業を担当される先生から連絡された**❷11桁の授業ID**を入力します。

④ 最後に**❸「登録」**ボタンを選択して登録は完了です。

⑤ 実際に使用する際は「**教科書一覧**」（PCの場合は「**教科書選択画面**」）の該当する教科書名を選択すると、「**問題解答**」の画面が表示されます。

問題解答

① 問題は教科書を見ながら解答します。この教科書の CheckLink のアイコン表示のある設問に解答できます。

② 問題が表示されたら選択肢を選びます。

③ 表示されている問題に解答した後、**❶「解答」**ボタンを選択すると、解答が登録されます。

● CheckLink推奨環境

ＰＣ

推奨 OS
Windows 7, 10 以降
MacOS X 以降

推奨ブラウザ
Internet Explorer 8.0以上
Firefox 40.0以上
Google Chrome 50以上
Safari

携帯電話・スマートフォン

3G以降の携帯電話（docomo, au, softbank）
iPhone、iPad（iOS 9～）
Android OSスマートフォン、タブレット

●最新の推奨環境についてはウェブサイトをご確認ください。
●上記の推奨環境を満たしている場合でも、機種によってはご利用いただけない場合もあります。
　また、推奨環境は技術動向等により変更される場合があります。

公式サイトでは、
CheckLink活用法について
動画で分かりやすく
説明しています

公式ウェブサイト

https://www.kinsei-do.co.jp/checklink/movie

CheckLink開発

CheckLinkは奥田裕司 福岡大学教授、正興 ITソリューション株式会社、株式会社金星堂
によって共同開発されました。
CheckLinkは株式会社金星堂の登録商標です。

CheckLinkの使い方に関するお問い合わせ先

正興ITソリューション株式会社　CheckLink 係

e-mail　checklink@seiko-denki.co.jp

このシールをはがすと
CheckLink 利用のための
「教科書固有番号」が
記載されています。

一度はがすと元に戻すことは
できませんのでご注意下さい。

◀ ここからはがして下さい

4196　Make Your Way!

CheckLink

本書にはCD（別売）があります

Make Your Way!
Communicating while Abroad
「意味順」で学ぶ大学基礎英語

2024年1月20日 初版第1刷発行
2024年2月20日 初版第2刷発行

監修者	田 地 野　　彰
著 者	中 川　　浩
	John Andras Molnar

発行者	福 岡 正 人
発行所	株式会社 **金 星 堂**

（〒101-0051）東京都千代田区神田神保町 3-21
Tel. (03) 3263-3828（営業部）
(03) 3263-3997（編集部）
Fax (03) 3263-0716
https://www.kinsei-do.co.jp

編集担当　戸田浩平・池田恭子　　　　　　Printed in Japan
印刷所・製本所／三美印刷株式会社

ISBN978-4-7647-4196-6　C1082